御窑金砖

周震麟　金　瑾◎著

江蘇鳳凰教育出版社

自序一
一方水土，一方风物

一方水土，产一方风物；一方水土，养一方人民。

位于阳澄湖西、苏州城北的相城这方水土，与素以精工细作而名闻天下的姑苏水城一样，物华天宝，人杰地灵。而在众多的相城风物中，由陆墓御窑村的平民百姓，用村边田头常见的黄泥黏土，以千百年来江南水乡最普通的民间土窑，专为明清皇家建筑烧制的、后来被称为御窑金砖的细料方砖，当是苏州传统工艺中最为杰出的代表。

制作御窑金砖，需要经过取土、练泥、制坯、烧窑和洇水等二十九道工序。金砖制作工艺的精细，是其作为非物质文化遗产的核心价值所在。这种以反复和精细为特点的工艺，是陆墓窑民血汗和智慧的结晶，是苏工苏作的精、气、神所在，是中国传统工艺韵味的典型。

制砖是一门工艺，是对水土粘合之程度的把握，和对水量火候之分寸的拿捏，它蕴涵的是中国古代文化中阴阳相济、刚柔相推的核心思想。由于规格要求的高严，御窑金砖的制作技艺，是这一古文化核心思想的集中体现。因此，对御窑金砖烧制工艺的实践和研究，就是对中国传统工艺和文化的研究，是对非物质文化遗产的传承和发展。

始于明朝永乐皇帝迁都的御窑金砖，已有六百年的烧造历史。由于与明清北京皇家建筑这种特殊的因缘，金砖历史的背后，牵引着的是明清时期的中国古代史，映照出来的是明清时期中国社会、经济的兴衰起伏。因此，对御窑金砖的研究，不仅仅是对传统工艺和文化的研究，还是对中国古代社会、政治、经济和历史的研究。

御窑金砖如此丰富的历史文化内涵和研究价值，使其远远不止于作为一种古式建筑的材料，还是一项传统文化的物件，更是一款人类非遗的标志，甚至，可以作为跨地域、跨国度的经济和文化交流的信使和相互学习的样本。从这个意义上看，对御窑金砖的研究，是对人类社会发展、文化沟通和经济运作规律的研究。

御窑金砖，这种看起来与普通青砖相差无几的细料方砖，所以会有“天下第一砖”的称誉，最为关键的是，相城陆墓的窑户工匠，在阳澄湖西、苏州城北的这方水土之中，融进了他们的心智和血汗，融进了他们对于生命和世界的体验和领悟。

本书的两位作者，一位是古代历史文化的学人，一位是御窑金砖制作技艺的传人，一位是研究者，一位是实践者。两位作者，不同的角色和视点，相同的目标和焦点，那就是，把心智倾注到御窑金砖的研究之中，把生命投入到非遗文化的承续之中。作者的这种投入，正是对姑苏工艺精髓和传统文化神韵的一种体验、领悟和传承。

与上面所说的金砖价值之高、内涵之深形成鲜明对比的是，以往，对御窑金砖及其历史文化的研究，真可谓少之又少，而且，除丁文父先生的《金砖识录》外，大多零散而不成系统。本书作者在搜集、整理并借鉴了大量有关金砖的资料后，较为系统地对御窑金砖的历史、文化和工艺等进行了梳理，虽然刚刚开始，但可成为今后更多研究者深入探究的一次有益起步和开道。

自序二
工到水磨土成金

通常，变土为金，是幻想，是魔术。可在相城，在这块伍子胥曾经相土尝水的地方，幻想会成为千磨百炼和水火既济后土窑出金砖的现实，成为实实在在的人间奇迹；就像在姑苏，在这方飘荡着有如袅袅晴丝一般的水磨昆腔的土地之上，魔术会成为叠山理水或百转千回的声名惊天下的绝艺，成为真真切切的精工细作。

通常，说到苏州的文化遗产，首先鼓荡我们耳根和刺激我们眼界的，当然是昆曲和园林：那舒徐委婉、流丽悠远得好像在移步换景的园林山水中穿行流连的甜糯细腻，一唱就成了百戏之祖，一唱就有了六百年的爱恨情仇；那欲扬先抑、曲径通幽式的酷似水磨粉一样对心理感受来回返复的拿捏和戏玩，一摆弄就迷倒了朝野的无数显隐，一摆弄就惹得大千世界的华夷和敌友都悲喜交加，又欲罢不能。

通常，说到苏州的文化遗产，少有人会把昆曲、园林和御窑金砖相提并论。一片粘土，几团烂泥，大不了变成糙砖无数，哪里谈得上有什么文化的含藏和工艺的价值；几十座土窑，数百个民工，烧造出来的，终究还是粗朴笨重的方砖，怎么可能有复杂的社会背景和丰富的历史底蕴。

可是，说到苏州的文化遗产，倘若真的忽视了御窑金砖，就不仅仅是等于忽视了陆墓百姓千百年的血汗和辛勤，不仅仅是等于忽视了姑苏儿女难以估量的工艺和智慧，更是等于偏狭地、执于一端地误读了昆曲和园林的背后所牵引着的中国传统文化虽然执着却有弹性的要义，曲解并忽视了中华文化纵然博大精深但又简易显朴的文化内涵。

古金砖缘起于明永乐帝的南都北迁，消歇于清宣统帝的紫禁城退位。御窑金砖的烧造历史，与明清北京皇家建筑的兴建和修缮完全同步。期间，北方的皇家大兴土木，江南的金砖就窑火兴旺、劳役繁重；北方的皇家因财政空缺无力兴工，江南的窑户则歇业停产，忙于他计。

明清两朝继承了开国帝王之基业的那些皇帝和大臣，在他们叩问苍天大地、祈求子孙永保的时候，在他们谈经论法、商议如何经营百年之基业、如何治理国事和民生的时候，他们的脚下所踩踏的，全都是一方又一方铺陈得严密平整而又稳重厚实的产自苏州陆墓的御窑金砖。一部金砖的烧造史，就是一部明清王朝的兴亡史。从永乐至宣统，苏州陆墓的这块细料方砖含藏的，不仅是江南的温水润土和精工细作，更是明清王朝和中国历史整整五百年的荣辱和兴衰，也是陆墓和苏州的工匠百姓们整整五百年的喜怒哀乐和血汗心智。

御窑金砖的制作，是一门水火相济的艺术。水和火，一阴一阳，一刚一柔，阴阳相济，刚柔相推，引起了世界万物的生息和变化。易经中的这一核心思想，到了姑苏相城的民工窑户手中，演绎成了七转得土、六转成泥、八月成坯和百三十日而后洇水出窑的有着二十九道工序之多的水磨糯米一样的功夫。练泥流程之繁，制坯手续之细，焙烧技艺之精，用工费力之多，生产周期之长，标准要求之高，加上成品概率之低，使得这种看似与普通青砖无异的细料方砖成了名副其实的“金”砖。而这种工艺，与细腻绵长、一唱三叹的昆腔的唱度真有出于同辙同宗、源于同水同土的相似和惊奇，读一读沈宠绥的《度曲须知》，感受会更深、更真：“调用水磨，拍押冷板，声则平上去入之婉协，字则头腹尾音之毕匀，功深镕琢，气无烟火，启口轻圆，收音纯细。”

御窑金砖制作技艺，有着和昆曲、园林等吴韵苏工一样的九曲回肠和精极细至，一样的声震朝廷、名动乡野的过往和历史。不过，和昆曲、园林都是因为有了文人雅士的参与而声名遐迩的际遇和机缘所不同的是，御窑金砖，这方由地道的江南土窑用地道的姑苏水土烧成炼就，最终登上了明清工艺、文化和社会、历史之最高殿堂的坚土，在烧炼并积淀的千百年的过程中，迟迟不见有文化人的染指，更没有学者骚客的把脉和指点。烧制金砖的器具始终只是江南常见的木模竹具和民间土窑，弄土练泥的工匠一直都是陆墓当地的村民土著，即便是在明代嘉靖年间有过张问之这样像清代陶瓷名家唐英那样的官员，可张侍郎终究只是尽了他金砖督造官的本职，并没有像唐英那样身体力行地去亲历并琢磨做坯烧窑的全部过程。或许，正是因为这样的缘故，张侍郎的《造砖图说》终于没能像唐员外郎的《陶冶图说》那样流传至今。而这，恰好正是御窑金砖制作技艺在无意识中用它的朴实无华比肩绝艳昆曲和惊世园林的关键所在。这就难怪，清末民初现身于达官贵人和鸿儒巨贾之亭院厅廊的金砖，只一方，就足以用它看起来并不惹眼的简明和稳实，给《牡丹亭》杜丽娘家一样的私家园林里那"朝飞暮卷，云霞翠轩""摇漾春如线"的满眼韶华和精致，以及"雨丝风片，烟波画船""观之不足由他缱"的遍地繁丽和小巧，平添一种截然迥异而又自然适宜的大气和厚重；只一方，就足以给偏于纤绮的园林和昆曲，在文化风韵的另一端，加上一个可以将虚实藏露、繁简曲直乃至世间万物都揽入人心深处的时空砝码。难怪，将一方简朴的金砖配以典雅的木座，作为一种厅堂的清供，作为一件镇宅的宝物，会成为今古达人们的一种奢求和时尚。

功到水磨土成金。水磨功夫，是姑苏的工匠伶人将生命回归并融入世界的一种反复而递进的体验和领悟；水磨功夫，是陆墓的窑户工民将心血凝聚并倾进技艺的一种执着又知返的历练和升华。水磨功夫，将顺天道和尽人事的一对矛盾做到了极致，使得金砖在经历了将近六百年的历史之后，拥有了"一方镇万宅，一朴约万丽"的奇效，同时再次焕发出了中国传统文化中那种以简驭繁、以实约华的美学效果。

对御窑金砖制作技艺这样的理解，会不会摇动我们这些常常自以为是的文化人，对文化源来的确认和对文化概念的定义呢？会不会因此而推动我们这些从事文化传承的现代人，对文化体验方式的领悟和调整呢？

目录

其质千秋

其质千秋——金砖命名的文化内涵

紫禁城等皇家宫殿里铺陈的方砖为什么叫“金砖”,以下三种说法流传较为普遍 :

第一,敲起来有金石声。比如,蒋博光在《金砖墁地》中说 :“因为这种砖是专为皇家烧制的细料方砖,颗粒细腻、质地密实,敲起来有金石之声,所以叫‘金砖’。”[①]

第二,运往“京仓”。《金砖墁地》中是这样说的 :“也有一种说法是 :这种砖只能运到北京的‘京仓’,供皇家专用,所以叫‘京砖’,而逐步演化为‘金砖’。”[②]

第三,一两黄金一块砖。因为专供皇家的细料方砖的制作工艺极为精细,花费成本巨大,一块金砖的价格相当于一两黄金。

以上三种说法听起来很在理,把铺在皇家要殿中的做工精细的砖称作“金砖”,大众也多能理解并接受。但倘若仔细推敲,便可发现对于一种专供皇家的方砖,为何要以“金”命名,并且在皇家档案以及所有的行政公文中都直接称呼为“金砖”,仅仅以上三种解释是不够的——皇家建筑中,还有许多以“金”相称而材质并非黄金或金属的构件或部位,比如支撑三大殿等紫禁城要殿核心部位的木质柱子,叫“金柱”;皇家陵

2015 年时的御窑址

寝地宫中安放棺椁的地穴，叫“金井”。所以，要理解铺陈在皇家建筑至要部位的砖为什么叫“金砖”，还须要结合金砖命名的历史背景，以及中国传统文化的核心思想来理解。

阴阳：布局原则

紫禁城等皇家宫殿建筑的设计和建造主要依据的就是阴阳五行学说。

阴阳学说的核心思想是认为世界万物都是相互对立、相互依存的阴阳两面。阴阳互动，相推相济，是中国最古老的一种哲学思想，不仅贯穿了道家等诸子百家，也是《易经》思想的核心。《老子》有万物负阴抱阳、以气为和的叙述，《周易·系传》有刚柔相推而生变化的说法，《黄帝内经》则说阴阳为天地之道，是万物之纲。所谓刚柔，也就是事物的两面，就是我们通常所说的阴阳。刚是阳，柔是阴，阳刚和阴柔，看似矛盾对立，实际上，正是这两股看似矛盾对立的力量，相互推动，相互激荡，引起了世界万物的生息和变化。

紫禁城的总体布局就基于这种阴阳理论，比如整个建筑群分为外朝内廷两大部分。外朝主阳，布局疏朗，气势雄伟，体现阳刚之美；内廷主阴，布局严谨，装饰精美，富有生活气息。外朝除大明门、承天门、端门等形成的中轴线外，两边还有辅助轴线，主要突显出其阳刚气势；而内廷则不用三条轴线，而是以乾清、坤宁两宫为主，以及十二宫、十所象征星辰的拱卫，有较多的阴柔之美。而在外朝内廷这两大部分中，又遵循古代阴阳学说所谓的“善补阳者，当从阴中求阳；善补阴者，当从阳中求阴”的原则，阳中有阴、阴中有阳[3]。

焙烧中的土窑膛口

制砖 :分寸拿捏

和所有炉窑焙烧过程一样,砖的烧制过程也是一个阴阳互动转换、刚柔相推相济的过程。如选泥,“皆以粘而不散、粉而不沙者为上”[4];烧窑,“火候多一两,则砖面有裂纹,多三两,则砖形缩小拆裂,屈曲不伸,击之如碎铁然,不适于用……凡观火候,从窑门透视内壁,土受火精,形神摇荡,若金银融化之极然,陶长辨之”[5]。烧窑制砖的过程是一个处理水火相济、刚柔相推、密透相兼、阴阳相容的过程,制砖是一门把握火候和拿捏分寸的艺术。烧窑的时候,有陶长时时从窑炉口观察火候,砖土受火力的作用,会出现如同金银融化时一样的形神摇荡的样子。所以,密实精细又通透吸水的上乘质量的砖,是烧制过程中处理两极矛盾的技艺和经验累积的结果,宋应星《天工开物》中说,“水神透入土膜之下,与火意相感而成。水火既济,其质千秋矣”[6]。砖,原来只是土,但在水火既济之后,便拥有了足以持续千秋的坚硬和恒固。

水火既济,是《易经》六十四卦中的第六十三卦,下面为离卦,代表火,上面为坎卦,代表水;水火相交,水在火上,水势压倒火势,大功告成。所以,既济卦象征成功,盛极之时,象征坚固程度足以持续千秋。

五行之中,金代表坚硬、牢固、长远和恒久。皇家建筑中的许多关键物料和部件多以“金”命名,如“金水”“金柱”“金井”“金砖”等等。这里的“金”,都不是实指黄金,有金贵、重要的意思,但主要的涵义是坚固和久远。

五行：命名依据

然而，单是阴阳为万物纲纪的理论还不足以理解事物现象间的相互关系和变化过程，古人逐渐发展出了一种朴素的观念，即用金、木、水、火、土五种构成宇宙万物的基础物质属性来推演并解释事物的相生相息和万千变化。

所谓金，是指物质的坚固性，凡是坚硬、凝固的事物都有金的属性；木则代表事物的生长力，事物像草木一样具有强力的生命功能，被称作具有木的属性；水，指的是物质的流动性；火，指热能；土，指承载万物于其上生息变化，而自身也参与生息变化的土地。金、木、水、火、土，事物的五种不同特性和功能，相生相克，相对相成，使得世界得以生生不息，使得宇宙依道而行。[⑦]

五行之说经过古代众多思想者的充实，包含的内容几乎涵盖了人身、世界和社会的所有方面，如方向的东南西北中称五方，色彩的青黄赤白黑称五色，气候的风暑湿燥寒称五气，音乐的宫商角徵羽称五音，口感的酸苦甘辛咸称五味，身体的肝心脾肺肾称五脏，生化过程的生长化收藏称五态，等等。而且，古人还将金、木、水、火、土这五种物质属性，与五方、五色、五气、五音、五味、五脏和五态等一一对应起来，比如：

木在东，青色，角音，酸味，肝脏，与风相应，属生态；

火在南，赤色，徵音，苦味，心脏，与暑相应，属长态；

金在西，白色，商音，辛味，肺脏，与燥相应，属收态；

水在北，黑色，羽音，咸味，肾脏，与寒相应，属藏态；

土在中，黄色，宫音，甘味，脾脏，与湿相应，属化态。

五行又有相生和相克之说：水生木，木生火，火生土，土生金，金生水；金克木，木克土，土克水，水克火，火克金。

按照五家的说法，中国历史上的各个王朝，都是按照金木水火土五行相生相克的原则前后继承的，比如秦始是水德，而汉是火德，晋是金德；明朝起于东南，是火旺的朝代，清是金国的后代，属水盛之朝。看看下面的明朝历代的帝王之名，我们很快就能意识到，开国帝王对五行的重视程度：

洪武帝 朱元璋

建文帝 朱允炆 火

永乐帝 朱　棣 木

洪熙帝 朱高炽 火

宣德帝 朱瞻基 土

正统帝 朱祁镇 金

景泰帝 朱祁钰 金

天顺帝 朱祁镇 金

成化帝 朱见深 水

弘治帝 朱祐樘 木

正德帝 朱厚照 火

嘉靖帝 朱厚熜 火

隆庆帝 朱载垕 土

万历帝 朱翊钧 金

泰昌帝 朱常洛 水

天启帝 朱由校 木

崇祯帝 朱由检 木

朱元璋把子孙后代给孩子起名的原则从一开始就定好了。这个原则，不是别的，正是五行的生克顺序：木生火，火生土，土生金，金生水，水生木，如此循环，生生不息，江山永固，皇寿永葆。

紫禁城作为皇家建筑在设计建造时对五行的生克非常注意。比如皇家象征中央，为土，黄色，所以，紫禁城的屋顶大面积地使用黄色的琉璃瓦，而墙壁和油饰则大量地做成红色。那便是因为在五行学说中，火生土，火为土之母，属木为赤，这样的设计能够使得紫禁城中央的"土"化生循环，依天行道[8]。因为北方为水，水生木，所以，紫禁城在乾清宫和坤宁宫北面的宫后苑和万岁山种植了大量的花木，而除此之外，中轴线南端，三殿、两宫，以及御街等，都没有花草树木，那是因为五行理论中木克土的说法。明朝末年，曾经在午门左右"采松叶为棚，使百官免立风露之下"[9]，但到了清代初年，"悉裁去"[10]。后苑因为种植了大量的树木，木生火；所以，进入后苑，建有一门，叫"天一门"，天一生水，水克火。可见，明清帝王对于皇家建筑中各种材料物件的采用、种植或摆布，都十分遵循阴阳五行学说。

和普通的砖一样，细料方砖原来也只是泥土一方，但土经过火的焙烧，加入水，水火相济相感，最终变成了坚固程度足以持续千年之久的砖。因此，砖是坚固之物，在五行中当属"金"。

细料方砖，和所有的砖一样，原属"土"，但这种土在经过了四五个月的糠草、片柴、枝柴等"木"属之物转化而成的"火"能的焙烧之后，再逐渐与"水"相遇；在水火既济之后，成了皇家宫殿中的"金"。因此，铺陈于紫禁城主要宫殿室内的细料方砖，属土，属中，在皇家建筑里当是"中中之中"，皇家的基础；又属金，因为它是坚硬和江山永固的象征。

御窑金砖博物馆的库存砖

271
227
229
333
318
357
333
365
370
374
344
341
316
340

金砖侧面的铭文

金砖侧面铭文拓片

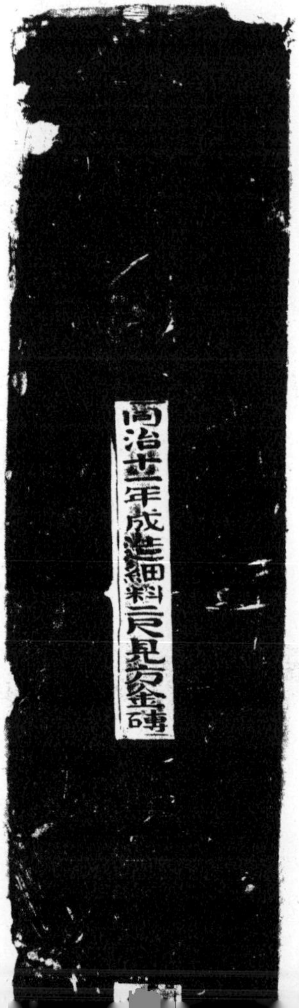
同治十二年成造細料二尺見方金磚

光緒元年成造細料二尺見方金磚
蘇州府

金砖侧面铭文拓片

苏州博习医院门诊楼墙体金砖光绪年款铭文

苏州博习医院门诊楼墙体金砖
宣统年款铭文

苏州博习医院门诊楼墙体金砖窑户款铭文

王德裕造

苏州博习医院门诊楼墙体
金砖官款铭文

苏州博习医院门诊楼墙体
陆墓窑户民国细料砖铭文

康熙朝正式称“金砖”

从目前发现的金砖的边款铭文中可以知道，金砖是在康熙年间开始由明朝时的“方砖”“细料方砖”正式改称“金砖”的：

正德元年春季分造二尺方砖

嘉靖六年秋季分造一尺柒寸方砖

万历贰拾伍年分造贰尺细料方砖

顺治拾叁年造尺柒细料方砖

康熙贰拾肆年成造贰尺细料金砖

雍正伍年成造细料尺柒金砖

乾隆二年成造细料二尺二寸金砖

…………

宣统三年成造细料二尺二寸见方金砖

明正德朝和嘉靖朝的金砖，边款铭文中都只称“方砖”，万历朝则称“细料方砖”，清顺治朝依然称“细料方砖”，而从康熙朝开始，一直到宣统朝，金砖的边款铭文中都直接称“金砖”。

然而，把这种专供皇家建筑的要殿铺墁的做工精细特殊的方砖叫做“金砖”，应该是早在康熙朝之前的事，比如，顺治朝的大臣奏折中就直呼“金砖”，《顺治十四年正月江宁巡抚张中元揭帖》：

御旨先传着造金砖旨意。已令工部，至今造完或无造完未闻。如造完，速行解送；如未完，着速造，陆续解送……烦将原派造办正副金砖及烧完出窑数目，限文到五日，开列具题，即严催，速运解送，并起运日期先行报部，以凭察催等因……据苏州府同知柳翘才申，据委官知事黄鼎镇报称，烧造正副金砖，卑职于陆墓、徐庄二处窑所晓夜督催，于十三年八等月初七等日陆续入窑，于本年十二月初四等日，已计出窑金砖一万三千五百一十五块，又于十四年正月初三等日，续完出窑金砖二万六千八百块，二次共出窑正副金砖四万三百一十五块……[11]

康熙以后的皇帝起居注以及大臣奏折等公文中自然也直接以“金砖”相称了（与山东临清的细砖有了明确的区分）：

万年吉地应用物料，其运价银两，应咨行户部，陆续支取。至各省办解楠、杉等木，金砖等项，俟运到之日，将运价另行核算。[12]

江苏巡抚臣张渠谨奏，为金砖成造维艰再肯省恩俯准开销副砖价值事。窃照承办金砖，关系钦工物料，必须颜色纯青、声音响亮、端正完全、毫无斑驳者，方可起解……今年奉文敬造钦工金砖，共计八千余块。内尚有二尺二寸金砖，砖身愈大，烧造愈难。[13]

在非正式的文案和场合中，“金砖”之称更早可追溯到明代。虽然万历朝修订的《大明会典》中依然称“细料方砖”，但同是万历朝编刻的《工部厂库须知》和万历朝抄录的明人笔记《两宫鼎建记》中，则都直接称“金砖”了：

三殿采浙直鹰架、平头等木，钦差郎中吴道直、李方至苏州烧金砖，钦差郎中戴愬鼎建两宫。公具题，以银二万两发江南而鹰架至，以银二万两发苏州而金砖至，以银二万两发徐州而花斑石至，未尝添注一官。[14]

不过，同是《两宫鼎建记》，卷中则又称“方砖”：

议苏州砖。查得苏州方砖，在厂见贮者，一万余个，似不敷用，合预行彼处抚按，选委廉干府佐一员管理，务要坚莹透熟、广狭中度。其应用料值、夫匠工食、装运船价，并于赃罚科银等项处办，具文申部，以凭查考，但不许分毫加派小民。如解到方砖，间有色红泥粗，不中旧式，该管理以侵渔重究。[15]

由此可知，在康熙朝正式刻进边款铭文之前的明代，在非正式的公文、档案中，或在非正式的场合中，早就把细料方砖称作“金砖”了。

祈望江山永固

《易经》既济卦的卦辞是这样说的：“亨小利贞，初吉终乱。”[16]意思是说水火既济之后，亨通，但这是小见吉利，因为起初吉利，最后将发生变故。既济卦的彖辞就是这样说的：“既济，亨。小者，亨也。利贞，刚柔正而位当也。初吉，柔得中也；终止则乱，其道穷也。”[17]意思是，“在事成之后，不如事方成之时的吉利亨通”[18]，也就是说，功德完满、江山稳坐、亨通吉祥的时候，如果稍有不慎，不久便会导致混乱和分崩离析。

水火既济之后拥有坚固足以持续千秋的细料方砖，既有江山永固的象征，却也藏着终将分崩离析的隐患，当初盛极一时的大明王朝便是例证和前车之鉴。

根据阴阳五行学说的这一理论，应对这种隐患的最好办法，也是唯一办法，是通过对五行中某一行或几行的加强或者减弱，让金木水火土更加顺利地循环运作起来，以化解天道和人事变迁过程中存在的凶象。所以，细料方砖虽然具有金的属性，但似乎还不够，这种金的属性似乎依然不能抵挡对于“初吉终乱”的担忧，尤其是在清王朝入关还不久、江山虽然已经坐稳但隐患依旧存在的康熙朝。清帝和清廷这种对于水火既济卦象的理解，对于皇家建筑材料之一的细料方砖来说，能够将阴阳五行理论化诸行动的方式便是直接将“金”字刻进铭文，以“金”来命名砖。将皇家专用的细料方砖直呼为“金砖”，不仅可以“金生水，水克火”来让皇宫免于天火人灾，更是对坚固、永恒的一种强化，是对明朝仅私称“方砖”而依然不够强调“金”之纰漏的一种规避；以“金”来命名皇家宫殿内的砖，是祈望火—土—金—水—木的依次循环能够更加顺利，祈望皇道能够更加顺应天道，祈望江山能够直到永远。

其实，水火既济的卦辞不仅对王朝的兴衰有警示作用，对各类官员的管理办事、对普通百姓的为人处世，都是一种较好的提醒。《周易》既济卦的象辞是这样说的：“水在火上，既济，君子以思患而豫防之。”[19]这种提醒人们否极而泰来、盛极而衰至、居安而思危，希望人类顺应天道的思想，是《易经》等中国古代哲学始终贯穿的核心精神，也是金砖所以叫金砖的文化内涵。

当然，对于爱新觉罗王朝和大清江山来说，以“金”直接命名砖，还有更多的从阴阳五行说的视角来看的好处和更深的用意。按五行家说，各个王朝都是按照火—土—金—水—木相生相克的原则前后继承的。如邹衍的五行相胜说，以周为火德，以秦为水德，秦的水克周的火。又有晋为金德，五行属金，所以，以金作为晋王朝的代称。后人认为，明朝起于东南，为火旺之地，且“明”为日、月，多火，属火德，克金，所以能灭属金德的元朝。而清朝，女真人，为北宋时金国的后代，明末重新建国，史称后金。通常认为，天聪十年（1636），皇太极改国号“金”为清，改族名“女真”为“满洲”，主要的用意就在于火克金，而水克火——后金不能战胜大明，是因为朱明王朝之火克建州女真之金；但是，金虽然不能胜于火，却可以生出更多水来，金之后代一旦有了水，即成为满州大清，一定可以克火了。所以，在拥有水德的清王朝，金自然越多越好了，因为它可以生出越来越多的水，而越来越多的水就意味着越来越强的克火的能力。

注：

①②蒋博光《"金砖"墁地》，《紫禁城》1980 年第 3 期

③⑧于倬云《紫禁城始建经略与明代建筑考》，《故宫博物院院刊》1990 年第 3 期

④⑤⑥宋应星《天工开物》卷中陶埏第七，砖条

⑦南怀瑾《易经杂说》六二 ~ 六五页

⑨⑩《日下旧闻考》卷三十三，五〇八页

⑪ 台湾傅斯年图书馆《明清档案(未):顺治十四年正月江宁巡抚张中元揭帖》，《金砖识录》附图三

⑫ 雍正六年九月十八日《起居注·办解万年吉地木料金砖运价于内库银两支取》，《清宫金砖档案》四九页

⑬ 乾隆四年六月初九日《江苏巡抚张渠奏折·烧造金砖维艰请开销副砖价值》，《清宫金砖档案》五四 ~ 五六页

⑭《两宫鼎建记》卷上页二，王五云主编丛书集成初编《礼仪释宫及其他二种》，民国二十六年十二月初版

⑮《两宫鼎建记》卷中页七，王五云主编丛书集成初编《礼仪释宫及其他二种》，民国二十六年十二月初版

⑯⑰⑱⑲ 南怀瑾、徐芹庭《周易今注今译》三八二 ~ 三八三页

钦工物料

钦工物料——金砖的使用场所

尽管在明代某些非正式公文或资料中也有“金砖”之称，但在金砖铭文中，明代和清顺治朝都始终只称“方砖”或“细料方砖”，清康熙时才正式在铭文中直呼“金砖”，之后一直沿用这个名称，清宫档案中的正式工部行文也都称“金砖”，而不再称“细料方砖”。明清两代的金砖都是由苏州陆墓专烧特供，为皇家专用，属“钦工物料”，而非民间之物。

因为普通百姓不能使用，即使是残次或废弃的金砖，也不可随意流入民间，须由官府严格管理。

从乾隆年间的清宫档案中可以梳理出这样一则金砖故事来：

乾隆五十九年(1794)，江苏巡抚奇丰额奏请，需奉文烧造金砖六千块，另加副砖两千四百块。乾隆皇帝在看过奏折之后，很疑惑：目前各处并无新造宫殿，怎么又要奏请烧造，且数量不少？

乾隆帝立刻传谕军机大臣和工部堂官查核，得到的回复是：通州金砖贮存厂内仅存两千余块，金砖烧造需要时间较长，向来于将要用完时，奏请烧造。

乾隆对此回复并不满意：十年前通州厂存有金砖两千余

块，当时又烧造了六千块正砖和六百块副砖。这十年中并没有宫殿兴作，怎么会又只剩下两千余块了呢？

于是，乾隆责令军机大臣福长安会同工部严查此事，将这十年里全部金砖的使用情况，包括何时取用、何处取用，以及取用数量、换回数量、现存何处等，一一核实，并据实禀报。

据总理工程事务大臣金简交待，各处所换金砖，按照惯例存于原处而不交工部。对此，乾隆却以为“殊属非是”，因为“向来各项物料，皆系交旧换新，岂有金砖一项，专领新砖，而所换旧砖并不缴回，漫无稽查之理！”因此，着人继续追查。

最后，金简等人查明奏报，少了旧砖一千八百五十三块。[①]

从这一“金砖事件”中明显地可以知道：

一、金砖属皇家专用，不得随意流入皇家建筑之外的任何地方，更不必说是民间；

二、后世流散在京都民间或官府的金砖，多为内府官员在修缮皇家建筑时私自侵吞，或更换下来的旧砖。

《明会典》和清宫档案中都可以明显看出，普通百姓和官员，即便是高级官员和皇亲国戚家的建筑，都不能使用金砖。明清两代都有对金砖管理的严格规定，烧制过程中一些残次或废弃的金砖，都有相应的规定，不得随意流入民间。直到清末民初，由于管理松弛和清王朝的灭亡，一些原来存放在产地的残次金砖才开始进入江南商贾府邸和大户人家，用作风雅玩物，或作茶桌几座。

从现存史料看，关于金砖可以在哪些建筑中使用，怎样的建筑可以使用金砖，虽然没有明文规定，只要稍加审察，却也非常明白。对《大明会典》《清会典》以及相关清宫档案的梳理可以知道，金砖主要用于皇家建筑中的三种场所：宫殿、坛庙和陵寝。除此之外,还有一个特别的用途,即用作铸钱翻砂的托模。

宫苑殿宇

江南土窑烧制的细料方砖,历来就是室内铺地的上等材料。宋应星《天工开物》就有“细料方砖,以甃正殿者”之语。意思是说,细料方砖向来就是用来铺设正殿的。在明清两代的皇家建筑中,紫禁城、圆明园、西苑等皇家宫庭住所、苑囿园林,其主要宫殿,正殿室内和殿檐覆盖下的庭廊,大多用金砖铺地;此外,一些宫门也有使用金砖铺地的,如乾隆年间,太和门粘补地面使用金砖,景运门、隆宗门地面在修缮时将沙砖改为金砖。

可以从相关史料予以直接印证为金砖铺地的宫殿、宫门、苑囿要殿和其他皇家要地主要有:

明乾清宫、明坤宁宫[②];乾清宫[③];养心殿[④];奉先殿[⑤];敬胜斋、静怡轩[⑥];宁寿宫[⑦];太极殿、体元殿、长春宫[⑧];太和门[⑨];景运门、隆宗门[⑩];圆明园[⑪];九州清晏[⑫];寿皇殿[⑬];仪鸾殿、福昌殿[⑭];辟雍殿[⑮];皇史宬[⑯]。

于倬云、丁文父和宋玲平等专家对紫禁城的建筑以及相关的金砖档案作了比较深入细致的考查和研究,发现“紫禁城主要宫殿的室内都是用金砖墁地”[⑰],而且,不同等级和规模的宫殿所使用的金砖规格也不一样。紫禁城使用金砖的主要场所为外朝的宫殿和要门,以及内廷的主要宫殿。

寿皇殿原在景山东北,供奉康熙御容,后于乾隆十三年(1748)移至景山正中,供奉有清历朝帝后圣容。仪鸾殿在西

紫禁城乾清宫

紫禁城保和殿

紫禁城太和殿

太和殿

太和殿

建
帝命式于九圍茲惟艱

中和殿

养心殿

保和殿

紫禁城里的金砖地面

苑中海，是慈禧太后晚年归政后颐养天年之所。福昌殿在仪鸾殿北。仪鸾殿和福昌殿原建于光绪十一年（1885）至十四年（1888），后毁于八国联军入京后的火灾。光绪二十八年（1902），慈禧在紫光阁南另择新址重建。

辟雍殿是国子监的核心建筑，是清代皇帝临雍讲学之地，属皇家重要宫殿。乾隆五十年（1785），登基周年大庆时，辟雍殿举行盛大的皇帝临雍讲学仪式和活动，国子监全体官员和学生聆听皇帝讲学。活动期间，乾隆帝发表御论两篇，之后又将讲学内容刊刻颁发，供各衙门官学和各省儒学学习。为了乾隆的这次临雍讲学，乾隆四十八年（1783）开始建造辟雍殿座，当时取用二尺见方金砖一千三百块。

皇史宬是皇家的档案馆，主要存放实录、圣训、玉牒等皇家史册，也属皇家要地，所以也用金砖墁地。

明清历史上，王府室内地面铺墁金砖的，仅一特例。查《钦定大清会典》、《钦定大清会典事例》和清宫金砖档案可知，少数幼年就去世的亲王和公主的陵寝也有使用金砖的特例，但亲王和公主生前所住的府第，并无使用金砖铺地的先例。直到光绪末年，宣统即位后，其生父载沣奉太皇太后旨意监国，于是，摄政王府大兴土木，且大量使用金砖铺地——

光绪三十四年十一月，蔡御史上奏章，建议新建摄政王府。内阁会议讨论并经隆裕皇太后批准，制定了《摄政王礼节总则》，其中规定在中海西岸集灵囿地区建监国摄政王府。

宣统元年正月，摄政王府工程正式动工，其布局为中路自南而北为宫门、银安殿、神殿和后罩楼，过垂花门有思谦堂和蝠式房；西为大圆宝镜院，再西为十洲尘静院，最西部为西花园，有桥、敞厅、游廊、点景三卷房、莲花池和抱厦房；中路东部为东跨院，有房三十九座、一百二十九间。总计有殿宇、房屋三百座、一千五百多间。整个工程耗银一百八十七万两。

据清宫档案可知，光绪三十四年十二月，摄政王府邸工程需要二尺二寸金砖三千四百六十二块。宣统元年《民政部为承修摄政王府第工程需用金砖等项致电传部咨文》再次表明，监国摄政王府第工程需用金砖。[18]

这大概是整个明清两代的历史上亲王府第使用金砖铺地的一个特例，是因为摄政王载沣特殊的皇家身份；何况，并不是对载沣作为醇亲王的旧府第进行改建，而是在作为皇家宫廷苑囿的中海内另辟地方建造新的摄政王府时，才特准其使用金砖铺地的。从这一特例中，明显可以看到金砖在古代作为皇家专用之物的特殊性。

皇家坛庙

坛庙是明清帝王祭祀天地日月以及祖先众神的重要场所。皇家坛庙殿宇和台面也有使用金砖，不过是在清代，乾隆年间，才开始将原来的琉璃砖改成金砖。

从《明太祖实录》卷二四和《明史》卷四十七的相关记载可以知道，明代皇家坛庙的殿宇地面和台面多用高档次的琉璃砖铺砌。清初，顺治年间，坛庙用砖依然如此。康熙本《钦定大清会典》卷一百三十一说，圜丘“各成面砖”，“皆青色琉璃”；方泽，“各成面砖”，“皆黄色琉璃”；朝日坛，“坛面砖，青色琉璃”；夕月坛，“坛面砖，白色琉璃”。

直到乾隆十五年（1750），不少坛庙的殿宇和台面都奉旨改用金砖。从清宫金砖档案和相关的其它文献中可以知道，天坛、朝日坛、夕月坛、先农坛、先蚕坛、祈谷坛、太庙、文庙等都在清代使用金砖墁地——

圜丘“坛面砖块奉旨改用金砖，以期经久”[19]；

朝日坛“面甃金砖，旧制用青色琉璃”[20]；

夕月坛“面甃金砖，旧制用白色琉璃”[21]；

祈谷坛“大享殿外三成台面，屡经修补，砖色不一，改用金砖砌墁，既堪经久，于体制亦为宜称”[22]；

先农坛“十九年奉旨，观耕台著改用砖石制造，钦此。遵旨议定，台座用琉璃，仰覆莲式成造，前左右三出陛，砌青白石，栏板用白石，台面铺墁金砖”[23]；

先蚕坛采桑台“台面甃以金砖，围以白石”[24]。

从乾隆朝《钦定大清会典》卷七十一等可知，除地坛（即方泽）“甃以青白石”外，天坛、先农坛观耕台、先蚕坛采桑台等均先后铺砌金砖。而嘉庆朝《钦定大清会典事例》卷六百七十二载涉及金砖运价时提到，乾隆年间，修缮太庙奉先殿时，曾使用金砖，且一尺七寸、二尺和二尺二寸三种不同的规格都有。

据嘉庆朝《钦定大清会典事例》卷六百七十二记载，天坛、祈谷坛之祈年殿外三层坛面，“从前屡经修补，砖色不一，请改用金砖墁砌”；再据乾隆十六年《江苏巡抚王师为办运祈谷坛大享殿金砖动支耗羡银两事奏折》，江苏省奉文烧造祈谷坛大享殿三层台面取用金砖二万六百三块——由此可知，所以要将坛庙的琉璃砖改用金砖，主要原因是由于琉璃砖修补之后砖色不一；为保持砖色一致，天坛、祈谷坛等皇家坛庙的殿宇和台面等于乾隆十六年（1751）起奉旨改甃金砖。

帝后陵寝

虽然《钦定大清会典》和《钦定大清会典事例》没有作为明文规定的帝后陵寝使用金砖的记载，但从实际情况看，明清帝后的陵寝建筑，无论是史料记载，还是实地现场，多有使用金砖的例子。通常，金砖在陵寝中使用的地方包括隆恩殿、配殿、月牙城甬路、明楼方城和月台等处。

据宋磊《明十三陵建筑用砖考》考察，明代帝王陵寝使用金砖的，目前能确认的，仅永乐帝陵寝长陵和万历帝陵寝定陵两例。

今长陵祾恩殿室内，铺砌的是 61.5 厘米见方的金砖。由于金砖铺砌时砖与砖之间需要对缝，需要砍磨，估计长陵所铺金砖烧造时的尺寸应为二尺见方。不过，长陵祾恩殿的金砖是否为明代永乐、洪熙年间所铺，还是后世修缮时所换，没有找到明确的史料。

中国社会科学院考古研究所 1957 年在发掘定陵地下宫殿，打开玄宫时发现，定陵的前殿、中殿及左右配殿的棺床平面，铺砌的都是“方形澄浆砖”，即金砖[25]。（因为没有确凿的文献记载，也不见有相关的考古发掘实证，明代其他帝王的陵寝中是否使用金砖，还不能确认）

金砖在清代帝后陵寝中的使用有较多也很明确的文献记载。根据清宫金砖档案，清代帝王陵寝使用金砖的有：

康熙景陵[26]；雍正帝后泰陵和泰东陵[27]；乾隆裕陵[28]；嘉庆昌陵[29]；同治惠陵[30]；慈安普祥峪和慈禧菩陀峪[31]。

金砖也有用于亲王和公主陵寝，但据目前所见史料，仅两例。

《钦定大清会典事例》卷八七六有乾隆六年准奏怀亲王陵寝使用二尺金砖的记载。怀亲王名福惠，雍正第八子，康熙六十年（1721）十月生，八岁夭折，嗣后火葬。乾隆继位后，追封为怀亲王。乾隆二年（1737）十一月葬于西陵太平峪境内的王各庄。

道光十六年（1836）修端顺固伦公主陵寝时，据记载，也曾使用金砖。端顺固伦公主为道光帝第三女，道光五年（1825）二月生，道光十五年（1835）十一月夭折，年仅十一岁，后追封为端顺固伦公主，葬于西陵陈家门园寝。

宋玲平《清宫金砖档案研究》中发现，清代在陵寝金砖的配给上并非对所有需要金砖的项目一视同仁，而是大大地倾向于当朝皇帝的陵寝建设需求。比如，光绪三十二年（1906）至三十四年（1908）间，康熙景陵隆恩殿等处的工程需用二尺二寸金砖一千零一十二块，但这件关系到前朝祖宗陵寝的事，居然拖了两年都不能予以解决。而且，在查阅了清宫史料后发现，这样的拖延并非因为需要金砖的工程太多，而仅仅是因为当时正在建造慈禧的菩陀峪万年吉地，须要优先满足。菩陀峪工程需要金砖，光绪三十四年（1908）时，甚至提出过需要二尺四寸金砖的要求。康熙景陵修缮所需的金砖，就此拖延了整整两年，最后甚至采取了用二尺金砖折抵敷用的变通办法。

另外，从泰东陵修缮档案可以知道，自道光二十八年（1848），经咸丰至同治四年（1865）间，屡有“泰东陵明楼前月台金砖碱碎十七块，未经修过”的记载，而到了同治六年（1867）至十三年（1874），又有四次提到“泰东陵明楼前月台金砖大半碱碎”的状况。这样，将近三十年间，泰东陵明楼前月台的金砖从碱碎十七块到大半碎损，却始终没能修复。这种现象的出现，可能是因为当时财力所限，清廷已无力顾及泰东陵的修缮了。

铸币托模

金砖还有一个特殊的功用，那就是被清代的中央铸钱机构，即户部的宝泉局和工部的宝源局用作铸币翻砂的托模。

清代铸钱分中央和地方两类。中央的铸钱机构有俩：一是设在户部的宝泉局，一是设在工部的宝源局。地方则由各省自设钱局。使用金砖作为铸币翻砂托模的，也仅仅限于宝泉和宝源两局，地方各省没有相关记载。可见，金砖作为皇家专用之钦工物料，终究不是皇家之外的机构或个人可以随意使用的。

有关金砖用作翻砂托模的主要史料有：

乾隆十五年（1750）《两江总督黄廷桂为照例动支银两办运圆明园寿皇殿等处金砖事奏折》记载，上年委员丁士英起解宝源、宝泉二局金砖一千块，副砖一百块；

乾隆三十一年（1766）《江苏巡抚明德为办解坛庙宫殿及宝泉宝源二局需用上岸雇夫赁房垫抗押砖夫动用耗羡银两奏折》中，也有宝泉、宝源二局需用二尺金砖的记载；

乾隆五十九年（1794）《定亲王绵恩等为遵旨查明各处所用金砖数目事奏折》则明确指出，“宝泉宝源二局，历年共用金砖八百三十一块，向系各炉作为翻砂托模之用”。

光绪十九年（1893），宝源局为铸钱曾向工部咨取金砖，以作托模[32]。

从相关史料中可以知道，用作翻砂铸币的金砖通常质量较差，一般是在通州砖厂“酥碱缺角项下”给发的[33]。而且，从总数来看，铸币所用的金砖数量也不多。

注：

①乾隆五十九年六月十六日《乾隆谕旨》等，《清宫金砖档案》一三九～一七〇页

②《明神宗实录》卷二九六，《抄本明实录》第十二册二三七页

③乾隆四年六月《总管内务府大臣为乾清宫铺墁金砖需用钱粮物料事奏折》，《清宫金砖档案》六二页

④乾隆四年八月《总管内务府大臣海望为养心殿铺墁金砖需用钱粮物料事奏折》，《清宫金砖档案》六五页

⑤乾隆十二年十二月二十日《署理江苏巡抚安宁题本》，转引自丁文夫《金砖识录》一四一页

⑥乾隆二十九年十二月二十七日《总管内务府大臣三和等奏折》，《清宫金砖档案》八九页

⑦乾隆三十七年五月二十四日《署理江苏巡抚萨载为报宁寿宫金砖估需工价及运费动用耗羡银两事奏折》，《清宫金砖档案》一一四页

⑧宣统二年七月二十六日《总管内务府致民政部片行》，《清宫金砖档案》七七一页

⑨乾隆十九年正月二十五日《江苏巡抚庄有恭奏折》，《清宫金砖档案》八〇页

⑩乾隆五十九年七月初三日《绵恩等奏折》，《清宫金砖档案》一五六页

⑪ 乾隆十五年二月二十八日《两江总督黄廷桂为照例动支银两

办运圆明园寿皇殿金砖事奏折》,《清宫金砖档案》六八页

⑫ 乾隆二十八年《内务府大臣三和奉旨谕九州清晏已用金砖著将官房地面方砖速运热河》,《清宫金砖档案》八八页

⑬ 乾隆十五年二月二十八日《两江总督黄廷桂为照例动支银两办运圆明园寿皇殿金砖事奏折》,《清宫金砖档案》六八页

⑭ 光绪二十八年《奉宸苑工程处为咨行江苏巡抚赶办仪鸾殿及菩陀峪工程所用金砖事致工部片复》,《清宫金砖档案》五四一页

⑮ 乾隆四十九年七月二十七日《江苏巡抚闵鹗元为办解辟雍殿金砖动用耗羡银两事奏折》,《清宫金砖档案》一三四页

⑯ 乾隆五十九年七月初三《定亲王绵恩等为遵旨查明各处所用金砖数目事奏折》,《清宫金砖档案》一五六页

⑰ 于倬云《紫禁城宫殿总说》,《中国宫殿建筑论文集》

⑱ 宋玲平《清宫金砖档案研究》,《清宫金砖档案》

⑲《清高宗实录》卷三五九,《清实录》

⑳《皇朝文献通考》卷九十七

㉑ 乾隆二十三年五月初九日《调任广东巡抚托恩多为饬令委员起解夕月坛台面金砖动用耗羡银两事奏折》),《清宫金砖档案》八二页

㉒ 乾隆十六年四月二十四日《江苏巡抚王师奏折》,《清宫金砖档案》七六页

㉓ 嘉庆朝《钦定大清会典事例》卷六六三,台北文海出版社有限公司,1992 年,转引自宋玲平《清宫金砖档案研究》,《清宫金砖档案》一二页

㉔ 乾隆朝《钦定大清会典》卷七十一,转引自宋玲平《清宫金砖档案研究》,《清宫金砖档案》一二页

㉕《定陵》第 6 页,中国社会科学院考古研究所等编

㉖ 光绪三十四年四月十八日《景陵隆恩殿工程承修大臣致民政部咨文》,《清宫金砖档案》五七六页

㉗ 乾隆五十九年七月初三《绵恩等奏折》,《清宫金砖档案》一五六页

㉘《清高宗裕陵殿宇油画见新工程案》,《故宫营造史料》,转引自《金砖识录》

㉙ 道光元年八月十七日《承修昌陵工程所用金砖等项片》,《清宫金砖档案》二〇六页

㉚ 光绪三十三年二月二十七日《惠陵工程承修大臣致民政部咨文》,《清宫金砖档案》五五二页

㉛ 光绪三十四年四月《民政部致景陵隆恩殿二程承修大臣咨文》,《清宫金砖档案》五七六页

㉜ 光绪十九年《工部为翻印钱模金砖损坏不敷应用应增添事致工部钱法堂咨文》,《清宫金砖档案》五三六页

㉝ 光绪十九年七月二十九日《工部致钱法堂咨文》,《清宫金砖档案》五三六页

自永乐始

自永乐始——明代金砖烧造的六个时期

苏州陆墓自永乐起开始为北京皇宫烧造细料方砖，有史料的明证：

《明会典》："永乐以后各处窑座。临清窑，烧造城砖、副砖、券砖、斧刃砖、线砖、平身砖、望板砖、方砖，二尺、尺七、尺五、尺二，四样，凡八号。近年止派造黑白城砖、斧刃砖。苏州窑，烧造二尺、尺七细料方砖。凡遇营建宫殿，内官监开数，工部题行，应天苏松扶按官均派应天、池、太、苏、松、常、镇各委佐贰官，于苏州府地方立窑募夫，选拨长洲县谙练匠作团造。完日，即委官、造官解部。"[①]

明正德《姑苏志》："出齐门陆墓，土质坚细异他处。工部兴作多于此烧造。"[②]

嘉靖年间曾受委派到苏州督造五万块金砖的工部郎中张问之《造砖图说》中也明确交待："自明永乐中，始造砖于苏州，责其役于长洲窑户六十三家。砖长二尺二寸，径一尺七寸。其土必取城东北陆墓所产干黄作金银色者。"[③]

自永乐四年（1406）朱棣颁诏营建北京宫殿"以备巡幸"，直至明末，较大规模的营建北京工程一直陆陆续续地进行着，皇家建筑的修建和新造工程也始终持续不断。

就营建工程的规模和烧造数量来看，明朝北京皇家建筑的营建和金砖的烧造可以分为以下几个主要时期。

肇始期：永乐朝

明修栈道、暗度陈仓的永乐迁都

明成祖朱棣在即皇帝位之初就有了把北京作为都城的意向。但是，真正想要迁都，却由于种种

明成祖朱棣（永乐）

原因，终究是个难题。

首先，跟随朱棣一起参与"靖难"的旧臣宿将们，发迹根基多在北方，也会跟朱棣一样有希望迁都的想法。但在当时，朱棣虽然通过残酷的镇压和杀戮暂时坐稳了皇位，众多的江南旧僚与新帝新朝之间的矛盾，甚至敌意，依然存在。对于南方官僚的利益和心态，朱棣也需要有所考虑，何况，作为有"篡位"之嫌的朱棣，更需要考虑的是"天意"，要想在"篡位"之初公开宣布迁都，朱棣也不得不有所顾忌，需要讲究策略和方法，需要采取一些特殊的、非常的、明修栈道暗度陈仓式的手段和行动。

因此，在丘福等大臣提出营建北京宫殿的时候，并非以建造都城的名目，更不用迁都的说法，而是"以备巡幸"：

永乐四年闰七月壬戌，文武群臣淇国公丘福等请建北京宫殿，以备巡幸……命泰宁侯陈珪、北京刑部侍郎张思恭督军民匠造砖，人月给米五斗。④

而只要这个在北京建造备用行宫的计划通过，朱棣就可以一面大量地移民"以实北京"，同时不断征调民工匠夫前往北京，至于建造的准备接待皇帝巡幸之用的宫殿，其工程的规模有多大，且实际上就是按照都城的规制来建造的，则基本上只有朱棣和极少数执行的心腹大臣心知肚明了，其余在南京的官僚是没法知道朱棣早已打定了迁都主意的。

永乐迁都的这种特殊性，使得我们今天在目前所见的官修实录中很少看得到有关于明代北京都城营建的具体资料。而且，只要我们细读在有明史料中仅见的这些资料，就不难发现，朱棣向永乐及其之后六百多年的所有百姓，有意隐藏了他当年营建北京都城，尤其是皇家宫殿时的几乎所有事实，而只是轻描淡写地告诉世人：永乐十四年（1416），"群臣集议"，正式通过迁都北京的方案；而在此之后，仅仅五年，所有的宫殿就已经建成，一个崭新的规模宏大的京城很快就诞生了。

永乐迁都的这种特殊性，让康熙帝在看过《明实录》后也很慨叹，说他遍览明代实录，发现未录实事，因为即使像永乐修建京城之事，也不记一字。这也让明代北京都城的营建成了众多学人不断探究的谜团。

明北京都城营建的这种情况，正与永乐帝迁都计划的保密策略有关。现在，经过不断地考证研究和钩沉梳理，虽然还有争议和疑问，但学界大多接受了这样的说法：

明代北京营建的正式动工，在永乐四年（1406）所谓"诏定"之时就已经开始，而且，从一开始，营建就是按照都城的要求进行规划的。而在永乐十四年（1416）正式通过迁都方案之前，北京皇城和都城的建设已经进行了10年左右。

金砖烧造始于永乐十三年至十七年之间

永乐四年（1406）闰七月群臣议建北京后，八月在北京地区就开始了大规模的用砖工程：

永乐四年八月。是月，霖雨坏北京城五千三百二十丈，天棚、门楼、铺台十一所，通州等卫城及白马等三十三关垣墙七百六十四丈。事闻，发军民修筑。⑤

营建都城开始后，北京就有不少的砖窑开始烧制各色建筑用砖：

永乐六年六月，丁亥。命户部尚书夏原吉自南京抵北京，缘河巡视军民运木、烧砖，务在扶绥得宜，作息以时，凡监工官作弊害人及迨事者，悉治如律。⑥

永乐七年五月，己卯。营山陵于昌平县。时仁孝皇后未葬，上命礼部尚书赵羾以明地理者廖均卿等择地，得吉于昌平县东黄土山，车驾临视，遂封其为天寿山。[⑦]

永乐七年六月，戊申。修北京安定门城池。[⑧]

一直到永乐十二年（1414），长陵修成之后，前期的砖瓦烧造才稍事歇息：

永乐十二年正月，己亥。命工部停运营造砖，罢遣军夫，悉归休息。[⑨]

陆墓御窑究竟是什么时候开始烧造被后世称为金砖的细料方砖的呢？学者们多表示很难确定。其实，只要我们将紫禁城的建成时间，和大运河的开通时间联系起来考察，就不难得出结论。

明代开国之初，由于都城设在南京，政治中心和经济中心也都在南方，各地的供赋，都由长江运至京城，路途较近，且相对便利。到朱棣即位，颁诏营建北京宫殿后，各种物料、粮食、皇家以及官员的生活用品、军士的供给等等，都需要运送至北京。因此，自永乐颁诏起，这种南贡北运的皇家和京师生活用品的供给方式便一直持续到清末，而支撑这一被称为漕运的输送方式的交通要道就是京杭大运河。金砖作为产自南方的钦工物料，又主要依托漕运粮船的携带，它的制作和运输，它的历史，自然与大运河的疏堵通阻密不可分。

京杭大运河北起北京，南至杭州，中间经过北京、天津以及河北、河南、山东、江苏和浙江五省，沟通海河、黄河、淮河、长江和钱塘江五大水系，全长一千八百多千米。运河多利用天然河道加以疏浚修凿连接而成，全程分七段：从北京至通州称通惠河，通州至天津段称北运河，天津至临清段称南运河，临清至台儿庄段称鲁运河，台儿庄至淮阴（清江）段称中运河，淮阴至扬州段称里运河（古称邗沟），镇江至杭州段称江南运河。

运河在元代的1289年就开始将北京和长江下游的运河体系相连接，但由于河道经常堵塞，水源的维持也是个难题，所以直到1325年，京杭运河才算真正贯通。但是，在元代，京杭运河始终没能有效地发挥作用。后来，元代南粮北运的工作主要由海运来完成。到了元末明初，运河已经有大段大段的损坏或淤塞，无法通航。明初的南粮北运，依靠的主要还是海运。

永乐营建北京，大兴土木，军队、官员、工匠等大批涌入，人口急剧上升，粮食等物品的需求量迅速增加，而路途辗转且险恶的海运显然无法适应都城北迁的要求了。

为保证营建的顺利进行以及将来都城的物资供应，运河北段的疏浚工程于永乐九年（1411）7月开始。永乐帝派工部尚书宋礼，开始对淤塞的运河进行整治，将汶水、泗水引入其中，并在沿线建闸38座。以往，漕船到淮安后，需要经过一段陆运才能进入淮河，十分不便，永乐帝就又派官吏开清江浦，筑堤建闸，使漕船能够直达淮河。南段工程至1415年7月正式开放，京杭大运河就此全线畅通，能从长江下游流域直通北京，运河从此成为明清两代南北商业和运输的主要动脉。正是从这一年开始，营建北京的砖瓦等材料开始大规模地到达京城。

这一年，1415年，永乐十三年，永乐下诏停止海运。之后，更大规模的宫苑营造工程迅速展开：

永乐十四年八月，丁亥。作西宫。初上至北京，仍御旧宫，及是，将撤而新之。乃命工部作西宫，为视朝之所。[10]

永乐十五年四月，癸未，西宫成。其制中为奉天殿，殿之侧为左右二殿……奉天殿之南为午门，午门之南为承天门，奉天殿之北有后殿、凉殿、暖殿，及仁寿、景福、仁和、万春、永寿、长春等宫，凡为屋千六百三十余楹。[11]

自永乐十五年（1417）起，至永乐十八年（1420），紫禁城和其他北京宫殿建成：

永乐十八年十二月癸丑亥，初营建北京，凡庙社、郊祀、坛场、宫殿，门阙规制悉如南京，而高畅壮丽过之，复于皇城东南，建皇太孙宫，东安门外东南建十王邸，通为屋八千三百五十楹，自永乐十五年六月兴工，至是成。[12]

金陵宫殿建于吴元年……北京宫殿悉仿其制，永乐十五年起工，至十八年三殿工成。[13]

据此，苏州陆墓为北京皇宫烧造细料方砖的时间在永乐十三年至永乐十七年（1415—1419）之间。

因此，从西宫、紫禁城等北京宫殿的营建正式开始，即永乐营建北京的第二阶段起，明代营建北京都城的建设进入第一个高峰期，陆墓御窑金砖的烧造也于此时肇始。

北京宫殿建成后，永乐帝御新殿听政刚满百日，紫禁城的中心建筑奉天殿、华盖殿和谨身殿（嘉靖时改名皇极殿、中极殿和建极殿，清代改称太和殿、中和殿和保和殿）竟于四月初八被一次雷火烧毁。

这一事件，使得举朝惊悚，有人又主张回都南京，朱棣也为之震惊，而且，只得以奉天门为听政之所，下诏求取大臣“直言”。自然，三大殿的修复以及其他北京营建工程不得不推迟或搁置，而且，当时，也已经没有财力和精力重建三大殿了。

可以推断，永乐朝在十八年（1420）之后，即使会有其他普通砖瓦或城砖的烧造，但苏州陆墓的御窑金砖，基本不会再有烧造。

究竟有没有“永乐砖”？

苏州陆墓御窑为北京皇宫烧造金砖（细料方砖）是从永乐年间开始的，这一事实在《明会典》《正德姑苏志》和张问之《请增烧造工价疏》等文献材料中可以得到印证。

然而，究竟有没有"永乐砖"？也就是说，到底有没有陆墓御窑在明代永乐年间烧造的，而且带有"永乐"年款之铭文的金砖存在，却是一个值得深究的疑问。

这一疑问的缘由有以下几点：

1. 与苏州陆墓窑同时开始为皇宫造砖，但不是烧造细料方砖，而是专烧城砖的山东临清窑，至今发现的古砖实物，其铭文最早的年款是"成化十八年"（1482）。而且，迄今为止，明代除了洪武年间烧造的南京城墙砖之外，并没有带有成化以前年款的城砖实物发现。

2. 有专家认为，"永乐至成化间各地烧造（包括军卫烧造），当时可能并无洪武时期之烧造惯例，即在烧造砖料上题刻铭文，或很少为之"[14]。也就是说，除了洪武时南京城墙砖之外，洪武、永乐至成化以前，明代没有在所造的砖身侧面镌刻铭文以实施造砖责任制的常例。

3. 在洪武时期并没有在皇家宫殿铺墁的方砖上镌刻铭文之惯例的情况下，要在专供北京宫殿的细料方砖的砖身题刻铭文，这表明，所造之砖的规格高过了南京皇宫的特殊身份，而这，须要向群臣有个交代说明的理由。但是，如前所述，永乐迁都的整个过程都是以明修栈道、暗度陈仓的方式偷偷地进行的——在当时的情形下，朱棣有可能这样做吗？

4. 可以确认为明代苏州陆墓窑烧造的细料砖实物，其铭文最早的年款是"正德元年"（1506）。

5. 目前所见的所有"永乐砖"实物，都是在2000年之后（即仅仅十多年前）才面世，而且多是以面市的方式面世的。

永乐朝皇家宫苑、坛庙和陵寝建修大事要览[15]

永乐朝（1403—1424）背景

永乐四年（1406），朱棣下诏，开始营建北京宫殿。永乐五年（1407）五月，北京城的营建开始动工。而在动工的前一年，朱棣就派官员分赴湖广、四川、江西、浙江、山西等地采集木料、石料，又把全国的优秀工匠及百万民工征集至北京。

永乐十八年（1420）十二月，北京宫殿落成。

永乐十九年（1421）正月，明朝正式迁都北京。

永乐新都以紫禁城内皇宫为中心，宫殿宏伟华丽，中心建筑为奉天殿、华盖殿和谨身殿（即后来的太和殿、中和殿和保和殿）。除皇宫外，还建有供皇帝祭祀天地、祖先、神灵的天坛、社稷坛、山川坛和太庙等。

紫禁城所需的砖主要有三种：第一种是城砖，多用在垫层和隐蔽处；第二种是澄浆砖，质地细腻，用作面砖；第三种是细料方砖，铺于殿宇室内和廊屋地面。细料方砖中，一尺七寸、二尺和二尺二寸的砖产地为苏州陆墓，做工特别，即后来所说的金砖。方砖主要通过运河和通惠河运到北京。明初的北京城，御河中可以行船，方砖可以直接运到地安门外鼓楼前东侧的方砖厂。

北京宫殿落成后，才一百天，四月初八，三大殿就被雷火全部烧毁。于是，朱棣怕了，朝中也有人主张回都南京。三大殿的修复也就此搁置。

永乐四年（1406，丙戌年）

闰七月　建北京宫殿。《明史·成祖纪》：永乐四年闰七月，诏以明年五月建北京宫殿（并见《明典

汇》,《明会要》七七)。《明史·地理志》:永乐四年闰七月建北京宫殿(并见《明史·陈珪、师逵传》)

永乐十年(1412,壬辰年)

五月 修京师山川坛及功臣庙。《太宗实录》:永乐十年五月丙戌,修京师山川坛,及功臣庙。

六月 修国子监。《太宗实录》:永乐十年六月丙子,修国子监。

永乐十一年(1413,癸巳年)

正月 长陵成。《太宗实录》:是月天寿山陵成,命名长陵。

永乐十三年(1415,乙未年)

正月 北京午门火。《太宗实录》:永乐十三年正月甲寅,张灯午门,灯山火。《明史·成祖纪》:永乐十三年正月壬子,北京午门灾。

永乐十四年(1416,丙申年)

八月 作北京西宫。《太宗实录》:永乐十四年八月丁亥,作西宫(并见《日下旧闻考》三三,《春明梦余录》)。《明史·成祖纪》:永乐十四年八月丁亥作北京西宫。《明典汇》:永乐十四年八月作西宫,初上至北京,仍御旧宫,及是将撤而新之,乃命作西宫,为视朝之所,中为奉天殿,殿之侧为左右二殿,奉天殿之南为午门,午门之南为承天门,奉天殿之北有后殿,有凉殿、煖殿,及仁寿、景福、仁和、万春、永寿、长春等宫。

永乐十五年(1417,丁酉年)

二月 营建北京。《明史·成祖纪》:永乐十五年二月壬申,泰宁侯陈珪董建北京,柳升、王通副之。《日下旧闻考》三三引《万历重编内阁藏书目录》:永乐十五年鼎建北京。

三月 建北京洪恩灵济宫。《明史·礼志》:洪恩灵济宫,祀徐知证、知谔,永乐十五年立庙皇城之西。《日下旧闻考》四四引《明成祖实录》:永乐十五年三月,建洪恩灵济宫于北京。

四月 西宫成。《太宗实录》:永乐十五年四月癸未,西宫成。《明史·成祖纪》:永乐十五年四月癸未,西宫成(并见《明史·舆服志》)。

六月 建郊庙、乾清宫及奉天殿。《明典汇》:永乐十五年六月,建北京奉天殿、乾清宫。《日下旧闻考》三三引《明典汇》:永乐十五年六月建郊庙,十一月建乾清宫。《日下旧闻考》三四引《明典汇》:奉天殿永乐十五年十一月建。

永乐十八年(1420,庚子年)

十二月 北京郊社、宫殿、皇太孙宫及十王邸成。《太宗实录》:永乐十八年十二月癸丑亥,初营建北京,凡庙社、郊祀、坛场、宫殿,门阙规制悉如南京,而高畅壮丽过之,复于皇城东南,建皇太孙宫,东安门外东南建十王邸,通为屋八千三百五十楹,自永乐十五年六月兴工,至是成(并见《明史·礼志》《舆服志》《明典汇》《日下旧闻考》三三)。《明史·成祖纪》:永乐十八年十二月癸亥,北京郊庙宫殿成。《明史·地理志》:永乐四年闰七月,建北京宫殿,修城垣,十九年正月告成,宫城周六里一十六步,乙曰紫禁城。门八,正南第一重曰承天,第二重曰端门,第三重曰午门,东曰东华,西曰西华,北曰玄武。宫城之外为皇城,周一十八里有奇,门六,正南曰大明,东曰东安,西曰西安,北曰北安,大明门东转曰长安左,西转曰长安右。《春明梦余录》六:金陵宫殿建于吴元年……北京宫殿悉仿其制,永乐十五年起工,至十八年三殿工成。《春明梦余录》一四:天坛在正阳门南之左,永乐十八年建。《春明梦余录》一七:太庙在阙之左,永乐十八年建(并见《日下旧闻考》五五,五七,五八)。建天地坛神乐观。《明一统志》:神乐观在天地坛西南,永乐十八年建(并见《图书集成·职方典》)。

永乐十九年(1421,辛丑年)

四月 奉天、华盖、谨身三殿灾。《太宗实录》:永乐十九年四月庚子,奉天、华盖、谨身三殿灾(并见《明史·成祖纪》,《日下旧闻考三三》,《大政记》,《人海记》下)。

永乐二十年(1422,壬寅年)

闰二月 乾清宫灾。《明史·成祖纪》:永乐二十年闰十二月戊寅,乾清宫灾(并见《人海记》下)。

歇息期:洪熙至宣德朝

永乐之后,洪熙继位。洪熙皇帝在南京当过监国,对南京有好感,且对其父侵略性的北征不感兴趣,加上三大殿的"天火"事件,他一直有回都南京的想法。于是,即位后不久,就决定把京都迁回南京。只是,由于他的病故,这一行动没能实施。

据此,仅仅一年的洪熙朝,没有计划继续在北京大兴土木,更不可能有修复三大殿等主要宫殿的行动,金砖的烧造在这一年属歇息期。

洪熙之后,宣德在位的十一年里,有一定规模的砖瓦烧造。比如,献陵的营建、北京各门以及城垣的修整,还有为三大殿和其他主要宫殿的修复和建造准备物料等。《明会典》记载:

宣德二年(1427)令河南、山东二都司并直隶卫所拨军夫五千名,于沿河一带烧砖,以添设官十五员分行提督。[16]

明仁宗朱高炽(洪熙)

但宣德朝的烧造规模和数量似乎不大，因为期间有暂停烧造的纪录。《明宣宗实录》记载：

宣德五年（1430）四月，壬申。上御左顺门，谕行在工部尚书吴中等曰："方今正当播种，缘河烧砖、运石军民皆罢遣归农，毋以末务妨之。"[17]

宣德朝甚至出现无砖可运的现象：

宣德六年（1431）十二月，甲午。命罪囚纳米赎罪。时犯罪者俱发运砖赎罪，行在工部尚书吴中言："近无砖可运，请改发纳米。"[18]

这样看来，宣德朝烧造金砖的可能性很小。而可能性比较大的是，维持北方首都的费用大大加重了中国东南的负担，各政府部门难以应付，且由于赋税繁重、百姓生活艰辛、曾经出现大规模逃民的现象，大规模的营建工作暂缓。

因而，宣德朝金砖的烧造依然处于歇息状态。

洪熙至宣德朝皇家宫苑、坛庙和陵寝建修大事要览

洪熙朝和宣德朝前后十一年，承继了洪武、永乐开国创业的成就，采取了一系列休养生息、巩固社会安定的措施，史称"仁宣之治"。

洪熙朝（1425）背景

历史学家多认为洪熙帝是一个开明的儒家君主。他登基后，改组内阁，组织新政府，特别关注百姓频繁逃亡的问题，还派了专门小组去调查包括应天府、苏州府、松江府、嘉兴府和南直隶等府在内的税收负担。

宣德朝(1426—1435)背景

宣德在明代历史上可说是一个好时期,没有较大的外来或内部危机,没有党争。宣德帝及时的制度改革使得政府行使职能的能力有了提高,人民的生活也有了改善。

洪熙元年(1425,乙巳年)

正月 建弘文阁。《明史·仁宗纪》:洪熙元年正月己卯,建弘文阁。《明史·杨溥传》:建弘文阁于思善门。

八月 营建献陵殿宇。《宣宗实录》:洪熙元年八月乙亥,命行在工部尚书建仁宗皇帝陵寝殿五间,左右庑各五间,门楼三间。修理南京宫殿。《宣宗实录》:洪熙元年八月甲午,太监郑儒等奏,奉敕修理南京宫殿,当用金箔……命于天财库支钞买用。

宣德四年(1429,己酉年)

四月 修南京社稷坛门。

宣德五年(1430,庚戌年)

六月 修北京城隍祠。

宣德八年(1433,癸丑年)

四月 修琼花岛广寒、清暑两殿。《日下旧闻考》三六引《明宣宗实录》:宣德八年四月,上谓杨士奇杨荣曰,朕于宫中所在,皆置书籍楮笔,今修葺广寒、清暑二殿,及琼花岛,欲于各处皆置书籍,卿二人可于馆阁中择能书者,取五经四书及《说苑》之类,每书录数本,分贮其中以备观览。

十二月 修南京宫殿。《宣宗实录》:宣德八年十二月乙亥,修南京宫殿及门。《明典汇》:宣德八年十二月诏修南京宫殿。

宣德九年（1434，甲寅年）

正月 修南京奉先殿。《宣宗实录》：宣德九年正月癸未，修南京奉先殿。

宣德十年（1435，乙卯年）

四月 修长陵、献陵。《日下旧闻考》一七三引《明宣宗实录》：宣德十年四月修葺长陵、献陵。

延续期：正统至天顺朝

明代北京都城始建于永乐，实则完成于正统。

这一时期，包括正统、景泰和天顺三朝。正统和天顺都是朱祁镇做皇帝，营造兴作不断，规模也较大；而景泰八年间，除敕建隆福寺之外，并无大规模建筑营修，砖瓦烧造也规模较小。

这一时期，经过"仁宣之治"的积蓄，财力物力都开始增强，是明代开国之后政局相对稳定、经济发展较为兴盛的时期。

正统、天顺年间，大规模的修造不断，陵工、殿工以及砖瓦烧造的数量也相当庞大。正统元年（1436）除营建景陵外，就开始修建京都九门城楼。永乐期间北京皇宫建成仅数月，奉天、华盖、谨身三殿遭雷火击毁之后，二十年间始终没有修缮，而到了正统年间，朱祁镇继位不久，就开始了计划重建三大殿的工作，至正统五年（1440），正式开工，并营造乾清、坤宁二宫：

正统五年三月戊申，建奉天、华盖、谨身三殿，乾清、坤宁二宫，是日兴工。[19]

明英宗朱祁镇（正统 天顺）

直到正统十年（1445），终于完工。天坛、地坛、日坛和月坛，五部、五府诸文武衙门等也都是在这个时期完成的[20]。这一时期，朱祁镇“把营建重点放在御苑方面。前期修建了玉熙宫、大光明殿，后期则重建了南内（包括今南河沿、南池子一带），而南内在嘉靖、万历两朝拆建、改建工程频繁”[21]。

这一时期，虽然没有金砖实物的发现，但由于有奉天、华盖、谨身三大殿，乾清、坤宁两宫，以及景陵等工程，可以推断，在仁宣稍息期过后，金砖烧造的规模和数量也随着皇家宫殿和陵寝的建设而迅速增加。

正统至天顺朝皇家宫苑、坛庙和陵寝建修大事要览

正统朝（1436—1449）背景

由于正统初年基本上沿袭了仁宣时期的政治，社会比较稳定。但在“三杨”（杨士奇、杨荣和杨溥）病逝之后，特别是王振开始干涉朝政后，辅政的成果很快消失。

正统期间，北京都城的改造营建，政府和皇宫物品的大批需求，使得各地百姓的负担加重，加上频繁的旱灾、蝗灾，以及一些地方的民众动乱，政府不得不付出较高的代价去应对面临的困境。

景泰朝（1450—1456）背景

总的来看，景泰统治时期，由于卓有成效的治理和改革，社会恢复了稳定。但是，景泰时期官方史料记载的许多徭役、骚乱以及宦官专横等问题，显示出明代的政治危机即将到来。

天顺朝（1457—1464）背景

天顺帝复辟后，一面清洗景泰朝官员，一面把干练的官员安排上重要职位，恢复其统治和行政的能力。

正统元年(1436,丙辰年)

五月 修北京国子监。

六月 修左右阙门及左右长安门。作公生门。

七月 修献陵及景陵。

九月 建奉天、华盖、谨身三殿。《明典汇》:正统元年,遣太监阮安,同都督沈清、少保吴中,督造奉天、华盖、谨身三殿。

正统二年(1437,丁巳年)

二月 修长陵。

正统三年(1438,戊午年)

九月 修西中门。

正统四年(1439,己未年)

十二月 修建乾清宫。《英宗实录》:正统四年十二月乙亥,修建乾清宫,以是日经始,遣尚书吴中祭司工之神。

正统五年(1440,庚申年)

三月 建奉天、华盖、谨身三殿及乾清、坤宁二宫。《英宗实录》:正统五年三月戊申,建奉天、华盖、谨身三殿,乾清、坤宁二宫,是日兴工(并见《明会典》七七,《春明梦余录》,《日下旧闻考》三四)。《明史·英宗纪》:正统五年三月戊申,建北京宫殿。

正统六年(1441,辛酉年)

六月 修南京太庙及社稷坛。

九月 奉天、华盖、谨身三殿及乾清、坤宁二宫成。

正统八年(1443,癸亥年)

三月 修献陵成。

正统九年(1444,甲子年)

七月 南京陵庙、宫殿、衙署被风雨摧毁。

正统十年(1445,乙丑年)

二月 修葺南京太庙、孝陵及社稷坛。

正统十二年(1447,丁卯年)

五月 修南京奉先殿。《英宗实录》:正统十二年五月丙午,修南京奉先殿。

六月 南京山川坛灾。《英宗实录》:正统十二年六月甲子,南京大风雷雨,山川坛灾,殿庑俱毁。

正统十四年(1449,己巳年)

六月 南京谨身诸殿灾。《明史·英宗纪》:正统十四年六月丙辰,南京谨身诸殿灾。

十二月 修南京天地坛及山川坛殿宇。《英宗实录》:正统十四年十二月戊申,命修南京天地坛殿宇,及山川坛,具服殿等处三百六十九间。文渊阁灾。《山樵暇语》:正统己巳北内火灾,文渊阁向所藏之书,悉为灰烬。

景泰五年(1454,甲戌年)

三月 修南京太庙及社稷坛。

景泰六年(1455,乙亥年)

四月 增建御花园。

景泰七年(1456,丙子年)

二月 营建寿陵。

天顺元年(1457,丁丑年)

五月 毁景帝寿陵。《英宗实录》:天顺元年五月癸酉,命工部尚书赵荣毁寿陵。

七月 承天门灾。《英宗实录》:天顺元年七月丙寅,承天门灾。

天顺二年(1458,戊寅年)

二月 修南海子行殿及桥梁。《英宗实录》:天顺二年二月丁未,修南海子行殿,及大桥一,小桥七十五。

闰二月 修沙河行殿。

天顺三年(1459,己卯年)

七月 建南城(即南内)殿宇。《英宗实录》:天顺三年七月戊子,遣工部尚书赵荣祭司工之神,以是日于南城之西,起造殿宇竖柱上梁也。

十一月 增修南内殿宇成。《英宗实录》:天顺三年十一月庚子,初上在南内,悦其幽静,既复位数幸焉,因增置殿宇,其正殿曰龙德,左右曰崇仁,曰广智。其门南曰丹凤,东曰苍龙。正殿之后,凿石为桥,桥南北表以牌楼,曰飞虹,曰戴鳌,左右有亭,曰天光,曰云影。其后叠石为山曰秀岩,山上正中为园殿曰乾运,其东西有亭曰凌云,曰御风。其后殿曰永明,门曰佳丽,又其后卫园殿一,引水环之，曰环碧，其门曰静芳，曰瑞光。别有馆曰嘉乐，曰昭融。有阁跨河曰澄辉，皆极华丽，至是俱成（并见《日下旧闻考》四十，《图书集成·职方典》）。

天顺四年（1460，庚辰年）

二月 修南京天地坛殿宇。

九月 新作西苑殿亭轩馆成。《英宗实录》：天顺四年九月丁丑，新作西苑殿亭轩馆成。苑中旧有太液池，池有蓬莱山，山巅有广寒殿，金所筑也。西南有小山，亦建殿于其上，规制有巧，元所筑也。上命即太液东西作行殿三，池东向西者曰凝和，池西向东对蓬莱山者，曰迎翠，池西南向草缮之而饰以垩曰太素，其门各如殿名。有亭六，曰飞香、拥翠、澄波、岁寒、会景、映晖。轩一，曰远辄，馆一曰保和，至是始成（并见《日下旧闻考》三六）。

天顺七年（1463，癸未年）

三月 修景陵成。

十二月 修北京真武庙。

天顺八年（1464，甲申年）

六月 裕陵成。

再歇期：成化至弘治朝

成化六年十月己酉，苏州、松江、常州及嘉兴、湖州五府……民船带砖，纳钞。[22]

明宪宗朱见深（成化）

成化十七年，添设郎中二员，于山东、河南及南、北直隶原有窑处减半烧造。[23]

成化十八年八月，辛丑。上命户部会官计议……户部尚书翁世资会吏部尚书尹旻等，上宽恤事宜……工部差官于各处开窑烧砖，宜移文暂为停免……[24]

成化二十年正月，乙未。停各处烧造砖料。[25]

弘治八年，奏准停止烧造官员。敕河南、山东、南北直隶巡抚官委布按二司、分巡、分守，及府州县官，提督管理烧造。[26]

由《明实录》和《明会典》的上述几条引文可知，成化、弘治年间的砖瓦烧造规模较小，且屡有停歇。

成化、弘治是明代北京营建的一个稍歇期，烧造规模远小于永乐至天顺期间。这一时期，除了裕陵和茂陵的营建外，仅有的较大规模的建筑营造有二：一是成化元年(1465)的承天门修建，一是弘治十二年(1499)的清宁宫重建。在相关的史料中，这一时期大规模用砖的记载极为少见。

由此推断，自永乐后金砖的烧造，在这一时期再次停歇。

成化至弘治朝皇家宫苑、坛庙和陵寝建修大事要览

一般认为，成化和弘治两朝是明代一段平静的间歇期，社会在形式和物质方面愈加丰富。

成化朝(1465—1487)背景

成化初年，皇帝对朝廷官员的工作能力十分重视。但是，登基不久，他就改变了一向由吏部、内阁授官的做法，改由皇帝直接封授官职，并开始怠于政事，沉湎方术，朝政一时变得乌烟瘴气。

弘治朝(1488—1505)背景

弘治帝登基后采取了一系列行动整饬腐败。他认真执行各种规定的礼仪活动,深切关心百姓福利。他还探索执法的办法,这就有了《问刑条例》的问世。弘治帝统治的十八年间,自然灾害异常频繁和严重,他多次批准对受灾地区减免税赋和采取救济措施。

成化元年(1465,乙酉年)

二月 修先农坛并具服殿及国子监大成门、彝伦堂。

三月 建承天门。

成化十一年(1475,乙未年)

四月 乾清宫门灾。

成化十三年(1477,丁酉年)

三月 南京奉先殿、大庖厨兴工。

成化二十三年(1487,丁未年)

九月修仁寿宫。《宪宗实录》:成化二十三年九月庚申,修仁寿等宫。

弘治元年(1488,戊申年)

闰正月 修南京国子监。修京师国子监。

四月 茂陵成。

七月 修凤阳皇陵成。建奉慈殿。《明史·礼志》:孝宗即位,追上母妃孝穆太后纪氏谥,祔葬茂陵。以不得祔庙,遂于奉先殿右别建奉慈殿以祀。一岁五享,荐新忌祭,俱如太庙奉先殿仪。

弘治二年(1489,己酉年)

五月 修承光殿及西海子石桥。

弘治三年(1490,庚戌年)

二月 修隆德等殿。

弘治四年(1491,辛亥年)

二月 建太庙后殿。

弘治十一年(1498,戊午年)

五月 停寿安、钦安等处工役。《孝宗实录》:弘治十一年五月己亥,府部臣英国公张懋等言,顷岁工役太繁,内而寿安、钦安等宫、西七所、毓秀亭之修建,外而神观、太仓、城楼,及皇亲屋宇之创造,近者又于兴济县建真武祠,使三军壮气,耗于转轮之勤,万民膏血,浪为土木之饰……伏望于前项工役已行者损其规制,未行者悉令停免。

弘治十二年(1499,己未年)

十月 重建清宁宫成。

弘治十六年(1503,癸亥年)

二月 修北安门。

五月 修内务司礼新房。重修京师太学成。

弘治十八年(1505,乙丑年)

十一月 修京师国子监。修先农坛具服殿斋宫。

高峰期：正德至万历朝

正德朝 :第一高峰期

正德起，至万历的一百多年，是明朝历史上继永乐北京营建之后皇家兴作规模最大的砖瓦烧造和物料采办时期。正德九年（1514）议建乾清、坤宁二宫时，工部曾派官员于南、北直隶各处烧造砖瓦[27]，还曾动用军士十万，由工部派员会同各镇巡官督造采木和烧造[28]。营建时，催料又很急，正德十三年（1518），工部郎中袁经、刘希龙等因监造烧砖不堪而被逮问[29]。

正德朝皇家宫苑、坛庙和陵寝建修大事要览

正德朝（1506—1521）背景

正德皇帝是明朝历史上出名的玩乐帝王。统治初期，最紧要的问题是收入不足，但他却根本不想从他个人的财库中有任何的支出。他乐于骑马、射箭、角抵和音乐等活动。他不顾官员反对，把国家事务托付给太监，还离开皇城，在北京的街道上闲逛。他喜欢搞军事游戏，不顾官员的抗议去西巡和南巡。一次，花灯活动引发一场大火，烧毁了乾清宫等帝后居住区的主要宫殿。七年后，在三万军队的参与下，这些宫殿才重建完工。

正德元年（1506，丙寅年）

三月 泰陵成。

正德二年（1507，丁卯年）

明武宗朱厚照（正德）

二月 修理上林苑、海子行殿。

八月 作豹房。《明史·武宗纪》:正德二年秋八月丙戌,作豹房。《明会典》七七引《三编》:正德二年八月丙戌,作豹房,帝为群阉蛊惑,乃于西华门别构院蘖,筑宫殿,而造密室于两厢,勾连栉列,谓之豹房。《日下旧闻考》:四一引《明武宗实录》:正德二年八月,盖造豹房公廨,前后厅房,并左右厢歇房,上朝夕处此,不复入大内矣。

正德四年(1509,己巳年)

五月 西苑文渊阁灾。《山樵暇语》九:正德己巳五月廿五日,西苑文渊阁被火,自历代国典稿簿俱焚。

正德七年(1512,壬申年)

十月 增建豹房舍宇。《武宗实录》:正德七年十月甲子,工部言豹房之造,迄今五年,所费价银已二十四万余两,今又添修房屋两百余间,国乏民贫,何从措办,迄即停止,或量减其半,不听(并见《日下旧闻考》四三)。

正德八年(1513,癸酉年)

九月 建凝翠、太素等殿。

正德九年(1514,甲戌年)

正月 乾清宫灾。《武宗实录》:正德九年正月庚辰,乾清宫灾。《明史·武宗纪》:正德九年正月庚辰,乾清宫灾(并见《明会要》七七,《日下旧闻考》三四)。

十二月 建乾清宫。《武宗实录》:正德九年十二月甲寅,工部奏,营建宫室料价工役,当用银百万两。《明史·武宗纪》:正德九年十二月甲寅,建乾清宫(并见《明会要》七七)。《图书集成·职方典》引《明武宗实录》:正德九年十二月甲寅,重建乾清、坤宁二宫。

正德十年(1515,乙亥年)

七月 重修太素殿。《武宗实录》:正德十年七月己亥,命工部重修太素殿(并见《日下旧闻考》,《图书集成·职方典》)。

正德十四年(1519,己卯年)

三月 修迎翠、昭和、崇智、光霁诸殿。

六月 太素殿成。

正德十六年(1521,辛巳年)

四月 康陵兴工。

五月 日精门灾。

十一月 乾清宫成。

正德朝金砖边款铭文选录[30]

- 正德十一年二月十五日委官直隶徽州府通判周勲□□□□□
- 正德十四年春季分成造贰尺方砖 / 委官直隶池州府同知张棻窑户陶叔明
- 正德十四年夏季分成造贰尺方砖 / 委官直隶徐州同知俞绫
- 正德十四年夏季分成造贰尺方砖 / 委官直隶太平府 / 照磨陶准□□□

- 正德十四年夏季分成造二尺方砖 / 委官直隶镇江府通判张沂检校纪镗 / 窑户金昌
- 正德十四年夏季分成造贰尺方砖 / 委官直隶苏州府通判孔贤 / □□□□□

嘉靖朝 :第二个高峰期

嘉靖朝营建烧造不止,所需砖块物料数量之大,可以从漕船带砖的数量看出 :

嘉靖三年,定粮船每只带砖九十六个,民船每只十个。十四年,粮船每只加至一百九十二个,民船每只加至十二个。二十年,粮船仍减为九十六个。二十一年,令经过临清粮船、官民船顺带本厂官砖至张家湾交卸,损失追赔。四十二年,查照旧例,粮船每只止带六十个。余砖于官民商贩船通融派带。[31] 嘉靖朝的营建烧造是永乐之后的第二个高峰。从上引《明会典》材料可知,嘉靖十四年每只粮船带砖数达 192 块,这个数量是永乐至天顺年间粮船带砖数的数倍。即使到了嘉靖末年,烧造需求减少时,粮船带砖的数量仍然超过永乐至天顺时期。

查阅史料,嘉靖四年(1525)建世庙、仁寿宫,命于近京及苏州定价烧造砖料[32];嘉靖十五年(1536),修建慈庆、慈宁二宫及寿陵[33];嘉靖二十三年(1544),重建宗庙[34];三十六年(1557),三大殿因火灾被毁,重建[35]。

嘉靖朝的烧造营建所以会有如此规模和数量,主要工程是三大殿、西宫和坛庙的重建和修造。

嘉靖朝最大的一次火灾发生在嘉靖三十六年(1557)。这次火灾,除三大殿外,一直延烧到午门和左右廊,所谓"三殿十五门俱灾",整个前朝都化为灰烬瓦砾 :

嘉靖三十六年四月,丙申。雷雨大作,戌刻火光骤起,由奉天殿延烧谨身、华盖二殿,文武楼、奉

明世宗朱厚熜(嘉靖)

天左顺、右顺及午门外左右廊尽毁。[36]

三大殿及两楼十五门被毁后，陆续重建，一直延续到嘉靖四十一年（1562）才完全建成：

嘉靖四十一年九月，甲申。更名奉天殿曰皇极，谨身殿曰建极，文楼曰文昭阁，武楼曰武成阁，左顺门曰会极，右顺门曰归极，奉天门曰皇极，东角门曰弘政，西角门曰宣治。[37]

嘉靖四十年（1561），紫禁城宫殿的重建工程正在进行时，皇城西苑的寝宫又被烧毁。

嘉靖二十一年（1542）时，宫女杨金英等由于不堪忍受嘉靖帝的暴虐，趁嘉靖帝在乾清宫醉酒昏睡的时候，想要勒死皇帝。虽然嘉靖帝后来被救活过来，但从此他整日担心，不敢住在大内。于是，有二十多年的时间，嘉靖帝一直住在西宫，因而对西宫御苑的大肆营建也从此成了他执政的重点。

嘉靖四十年（1561），由于嘉靖帝的醉酒，在与宠姬放焰火时，西宫万寿宫着火，全部烧光。当时，大臣建议皇帝搬回乾清宫居住，嘉靖帝执意不肯，临时迁住玉熙宫，并火急催促，要在三大殿完工之前重新建好万寿宫。于是，三大殿工程只得停下，花了仅四个月的时间，一个更加豪华壮丽的万寿宫建筑群完工了。

嘉靖朝也是坛庙建造最多的时期。嘉靖帝崇信道教，北京的道教庙宇大多是嘉靖朝建造或重修。

嘉靖朝烧造规模和数量之多，还可以从金砖窑户因砖价低贱而相继逃亡的现象中窥见。嘉靖间工部侍郎张问之曾长驻长洲县陆墓三年，督造细料方砖五万余方，其《请增烧造工价疏》记载：

此前日烧造之民，所以产尽人逃，祸及亲邻；而亲邻之祸，又亲邻也。故臣昨烧造命下，而此等之民皆以望风逃去。比臣既至，而亲邻亦莫可跟究矣。其招复之难，处置之难，督责之难，万千难状，何者？工程细密，民贫价减，赔费之繁，有不止于身家十倍百倍之不及也。如苏州一府，烧造之民，止于长洲一县，为家六十有三，其每名分砖不下三百余块。如每块赔钱止于七钱，则每家分外已赔银二百十两有余矣。臣虽今日得借扶按委屈完事，要之不可以为常也。[38]

嘉靖朝皇家宫苑、坛庙和陵寝建修大事要览

嘉靖朝（1522—1566）背景

和正德帝一样，嘉靖帝的统治作风粗暴而专横。被宫女谋杀未遂之后，他从此不在紫禁城内的寝宫居住，并在罢弃早朝后与大多朝臣没有直接的接触。嘉靖后期，国库财政每年亏空，必须依靠各种额外的税收、附加费，以及物资征用、行政节约等予以弥补。紫禁城的大殿和门楼焚毁后，情况愈加严重。

嘉靖元年（1522，壬午年）

正月 清宁宫后三小宫及长安榜廊灾。《世宗实录》：嘉靖元年正月己未，清宁宫后三小宫灾。丁卯，给事中邓继曾言，今年正月二日，长安榜廊灾，今年郊日，内宫小房火。

六月 康陵成。

嘉靖二年（1523，癸未年）

四月 修葺观德殿。

嘉靖三年（1524，甲申年）

二月 作显灵宫龙虎殿。

嘉靖四年（1525，乙酉年）

三月 仁寿宫灾。

五月 作世庙。《世宗实录》:嘉靖四年五月庚辰,礼部复会官上疏言,世庙之议,群臣言其不可,皇献自宜祭以天子之礼,百官陪祀,奉尝导行备礼,极乐皆不可缺,臣等谨拟准汉宣故事,于砖城之东,皇城之内,南城偎北或东,立一弥庙,前殿后寝,门墙廊庑如文华殿拟制……上曰,既会议别建一庙,奉祀皇考,凡四时岁暮,朕率百官职事,躬亲献享,以伸追慕之情,礼工二部即日会同司礼监、内阁、钦天监官,诣太庙左右相度处所,择日兴工,上亲定其名曰世庙云。

八月 作仁寿宫。

十月 建玉德殿及景福、安喜二宫。清宁宫成。

嘉靖六年(1527,丁亥年)

三月 观德殿成,改名崇先殿。

嘉靖七年(1528,戊子年)

二月 修南京太庙前殿。

嘉靖八年(1529,己丑年)

六月 显陵成。

十月 乾清宫西奇所房灾。建太岁坛。

嘉靖九年(1530,庚寅年)

二月 建先蚕坛。

五月 作郊坛。

嘉靖十年(1531,辛卯年)

三月 建历代帝王庙。建西苑土谷坛及帝社帝稷坛。

嘉靖十四年(1535,乙未年)

五月 建启祥宫及钦安等殿。

九月 建西苑海神祠。

嘉靖十五年(1536,丙申年)

四月 作寿宫修七陵及建慈庆慈宁二宫。《世宗实录》:嘉靖十五年四月癸巳,初上既定寿藏之议,及谒陵还,御行宫,又召武定侯郭勋、大学士李时等论之,七陵多有损坏,当并工修饬,长陵神道,宜用石甃,其石象等项,宜各护以石台……今复思太皇太后、皇太后二宫,我皇祖原未有制……今朕拟将清宁宫存储居之地,后即半作太皇太后宫一区,仁寿宫故址,并除释殿之地,作皇太后宫一区,以备皇祖一代之制。上曰,修理陵殿,并预建陵墓,但即以二十二日兴工。

嘉靖十六年(1537,丁酉年)

四月 修内阁。

五月 清宁宫膳房及端敬等殿成。

六月 养心殿成。《世宗实录》:嘉靖十六年六月丙子,新作养心殿成。

嘉靖十七年(1538,戊戌年)

二月 山陵行宫成。

七月 慈宁宫成。

十二月 作圣济殿。

嘉靖十八年(1539,己亥年)

正月 奉先殿成。《世宗实录》:嘉靖十八年正月己卯,奉先殿成。

十月 永寿宫成。《野获编》二 :己亥南巡。永寿宫成。

嘉靖十九年(1540,庚子年)

十月 建启享殿。

十一月 慈庆宫、本恩殿等成。

嘉靖二十一年(1542,壬寅年)

四月 大高玄殿。《世宗实录》:嘉靖二十一年四月庚申,初上于西苑建大高玄殿,奉事上玄,至是工完。

嘉靖二十二年(1543,癸卯年)

三月 大享殿兴工。

嘉靖二十三年(1544,甲辰年)

四月 建太庙。《世宗实录》:嘉靖二十三年四月癸巳,吏部会廷臣集议,庙建同堂异室之制……上曰料造已会计明白,只并力早成……于是庙建之议始定,如今制云。

嘉靖二十六年(1547,丁未年)

十一月 大内火。大高玄殿灾。

嘉靖三十一年(1552,壬子年)

五月 修宜春宫。

八月 乾先殿成。

嘉靖三十二年(1553,癸丑年)

十月 修南京皇城。

嘉靖三十四年(1555,乙卯年)

七月 玄处居殿宇成。

十二月 建紫皇殿成。

嘉靖三十六年(1557,丁巳年)

四月 奉天、谨身、华盖三殿及两楼十五门灾。《世宗实录》:嘉靖三十六年四月丙申,雷雨大作,戌刻火光骤起,由奉天殿延烧谨身、华盖二殿,文武楼、奉天左顺、右顺及午门外左右廊尽毁。

十月 重建大朝门及奉天等殿。

十一月 大光明殿成。

嘉靖三十七年(1558,戊午年)

六月 新建大朝门午门及阙门成。建内苑寿明殿。

嘉靖三十九年(1560,庚申年)

九月 玉熙宫成。

十月 永寿宫成。

嘉靖四十年(1561,辛酉年)

五月 建万春宫。

七月 万春宫成。

十一月 万寿宫灾。

十二月 重建万春宫。

嘉靖四十一年(1562,壬戌年)

六月 承祐殿成。

九月 重建三殿成并更改各宫殿门名。《世宗实录》:嘉靖四十一年九月甲申,更名奉天殿曰皇极,谨身殿曰建极,文楼曰文昭阁,武楼曰武成阁,左顺门曰会极,右顺门曰归极,奉天门曰皇极,东角门曰弘政,西角门曰宣治。

嘉靖四十二年(1563,癸亥年)

十一月 寿恩宫成。

嘉靖四十三年(1564,甲子年)

三月 玄熙殿成。《世宗实录》:嘉靖四十三年三月丁未,更名惠熙殿为玄熙殿。丙辰,玄熙延年殿成。

五月 建洪坛太岁殿。

嘉靖四十四年(1565,乙丑年)

四月 清馥殿兴工。

六月 作玉芝宫。

八月 重建大明门内千步廊。建毓德宫。

九月 乐成殿兴工。

十二月 建真庆殿及大玄都殿。

嘉靖四十五年(1566,丙寅年)

二月 造御憩等殿。

五月 紫极殿、寿清等宫成。

六月 修玄极宝殿。

九月 修乾光殿。修武福宫。

闰十月 紫宸宫成。

嘉靖朝金砖边款铭文选录

- 嘉靖六年秋季分造壹尺柒寸方砖 / 南直隶徽州府管工官照磨张福义民童兰□□□□□造
- 嘉靖柒年夏季分造一尺七寸方砖 / 南直隶太平府管工官知事郑玉阶义民夏豸窑户总甲王元曜窑匠陆臻造
- 嘉靖肆拾伍年分造贰尺方砖 / 直隶苏州府总督工程同知龙庆云 / 直隶松江府管工官县丞廖宪窑户李有实造
- 嘉靖六年秋季分造贰尺方砖 / 直隶苏州府管工官同知安节 / 窑户林程造
- 嘉靖拾壹年夏季分造贰尺方砖 / 南直隶苏州府管工官知事李大策窑户□□□□□造

■ 嘉靖拾壹年夏季分造贰尺方砖 / 南直隶镇江府管工官检校千志学小甲王信下窑户严李造

■ 嘉靖拾伍年夏季分造贰尺方砖 / 南直隶苏州等府管工官通判蒙修检校赵鹏县丞汪安泰田记造

■ 南直隶苏州等府管工通判蒙修照磨刘钲 / 造嘉靖拾玖年分尺五方砖小甲钱约窑户吴壁造

■ 嘉靖贰拾捌年夏季分造贰尺方砖 / 直隶苏州等府管工官经历吴世卿窑匠周环□造

■ 嘉靖三拾柒年分造贰尺方砖 / 直隶苏州等府管工官通判畲玄县丞陈势鹏黄轍 / 窑户小甲钱流相下户倪杰造

■ 嘉靖四十一年分造贰尺方砖 / 直隶苏州等府管工官照磨何良 / 窑户徐□杰造 / 艮岳

■ 嘉靖□□□□□□□□□□□方砖 / 南直隶安庆府管工官经历倪□□义民□□□□□□造

隆庆朝皇家宫苑、坛庙和陵寝建修大事要览

隆庆朝（1567—1572）背景

隆庆帝无能，也不愿干预国家事务，但隆庆帝统治时期的五年半，皇朝局势相对稳定，经济繁荣。这证明，在明朝，没有皇帝参与，只要大臣有能力照样可以干得很好。但是，这也对明朝的制度产生了深远的损害和影响。

隆庆元年（1567，丁卯年）

三月 修乾清宫、交泰殿及坤宁等宫。弘孝殿成。毁紫极殿、紫极宫，改建翔凤楼。

四月 修景仁宫。罢翔凤楼工。

明穆宗朱载垕（隆庆）

隆庆三年（1569，己巳年）

闰六月 修乾清宫殿宇廡。

十一月 修承乾永和二宫。

隆庆四年（1570，庚午年）

六月 命建光泰殿、瑞祥阁。

隆庆五年（1571，辛未年）

十月 修大明等门及皇墙等处。

隆庆六年（1572，壬申年）

六月 建昭陵。

万历朝：第三高峰期

万历朝是明代北京营建砖瓦烧造历史上一个登峰造极的时期。万历元年（1573）营昭陵；十二年（1584）重修慈宁宫、预建寿陵；二十四年（1596）重建乾清、坤宁二宫；二十五年（1597）三大殿火灾被烧，虽早已财政无力支撑，依然横征暴敛，至四十三年（1615）开始兴工重建，直至天启七年（1627）完工……据《明神宗实录》以及《工部厂库须知》《缮部纪略》，万历间江南苏、松、常及嘉、湖五府粮船带砖的数量竟到达每只二百至三百块之多。[39]

由于有三大殿和定陵的修造，万历间的金砖烧造在规模和数量上也是一个高峰期。

明神宗朱翊钧（万历）

万历朝皇家宫苑、坛庙和陵寝建修大事要览

万历朝（1573—1620）背景

万历帝统治的早年，关心百姓的福利和官吏的腐败以及边疆防御的恶化。但后来，万历帝和朝臣之间始终处于一种对抗性的关系之中，以至最后他拒绝上朝，所有事务都以书面形式来处理。万历末期，他对许多重要的官职空缺不予补充，对官员的辞呈不予答复。万历似乎是在跟明朝的政治体制抗争，但他又无力改变，因此不得不将自己禁闭在长达四十八年的统治中。

万历元年（1573，癸酉年）

六月 昭陵殿工成。

九月 修午门正楼及左右阙门。

十一月 慈宁宫后舍毁。

万历三年（1575，乙亥年）

十一月 天坛工完。修太庙社稷坛工完。

万历五年（1577，丁丑年）

五月 重修乾清宫成。

万历七年（1579，己卯年）

五月 广寒殿坍塌。

万历八年（1580，庚辰年）

四月 皇极门毁。《神宗实录》:万历八年四月己卯，皇极门前，明二梁损坏，部议修换。

闰四月 皇极门兴工。

六月 皇极门成。

万历十一年(1583,癸未年)

二月 修武英殿。

十二月 慈宁宫火。

万历十二年(1584,甲申年)

二月 无逸殿灾。重建慈宁宫。

九月 作寿宫。《神宗实录》:万历十二年九月辛丑,礼部题今我皇上睿谋达识,亲卜大峪山吉地……为万万年寿域……—钦天监选择预建寿宫,开山伐木,用十月初六日卯时吉,动土兴工用十一月初六日辰时吉。己丑,作寿宫。

万历十三年(1585,乙酉年)

七月 诏修乾运、龙德二殿。

万历十五年(1587,丁亥年)

六月 修卿云宫。

万历十六年(1588,戊子年)

九月 圜丘、斋宫、大饗殿、皇穹宇成。

万历十七年(1589,己丑年)

十一月 南京奉先殿成。

万历十八年(1590,庚寅年)

六月 定陵寿宫成。

万历二十一年(1593,癸巳年)

十一月 三皇殿成。

万历二十二年(1594,甲午年)

四月 修紫禁城。

六月 西华门灾。

万历二十四年(1596,丙申年)

三月 坤宁、乾清二宫灾。

七月 建乾清宫。

万历二十五年(1597,丁酉年)

正月 重建乾清、坤宁二宫。《神宗实录》:万历二十五年正月庚申,以鼎建乾清、坤宁二宫兴工,祭告后土司工之神。《春明梦余录》六:万历二十五年二月重建乾清、坤宁二宫。

六月 三殿灾。《神宗实录》:万历二十五年六月戊寅,三殿灾。先是万历丙申三月丙子良工灾……至是火起归极门,延至皇极等殿,文昭、武成二阁,周围廊房,一时俱烬。《明史·神宗纪》:万历二十五年六月戊寅,皇极、中极、建极三殿灾(并见《日下旧闻考》三四)。

万历二十六年(1598,戊戌年)

七月 重建乾清、坤宁二宫,交泰殿、乾清门等工成。《两宫鼎建记》:两宫自万历二十四年七月十四日开工起，至二十六年七月十五日，计乾清宫、坤宁宫、交泰殿、暖殿、批房、斜廊、乾清、日精、月华、景和、隆福等门，围廊房一百一十间，并带造神霄殿、东裕库、芳玉轩竖柜二百四十座、板箱二千四百个，通共用银七十二万有余。

十一月 建隆宗门。

万历二十七年(1599,己亥年)

四月 建端景殿。

万历二十八年(1600,庚子年)

五月 修大高玄殿。

万历二十九年(1601,辛丑年)

五月 建显阳殿。

六月 建乾德殿佛殿。

八月 大光明殿东配殿灾。

十月 增建万法宝殿。

万历三十年(1602,壬寅年)

二月 重建乾清、坤宁宫。

万历三十一年(1603,癸卯年)

八月 贞庆殿毁。

十一月 三殿清基。《神宗实录》:万历二十一年十一月己未，钦天监择定是月十六日，三殿经始清基。

万历三十二年（1604，甲辰年）

三月 乾清宫成。

万历三十三年（1605，乙巳年）

四月 建感思殿。

万历三十九年（1611，辛亥年）

四月 怡神殿灾。

万历四十四年（1616，丙辰年）

十一月 隆德殿灾。延禧宫灾。

万历朝金砖边款铭文选录

■ 万历叁拾肆年分造贰尺细料方砖 / 直隶松江府管验同知尤大治管工华亭县典吏郭春 / □□□□□

■ 万历贰拾伍年分造贰尺细料方砖 / 直隶苏州府总督同知应楠委官照磨张宫 / 窑户小甲卢仁楠中户徐承祖造

■ 万历叁拾肆年分造贰尺细料方砖 / 直隶苏州府总督同知王照委官检校李高荞 / 窑户小甲吴楠臻中户高□□造

■ 万历叁拾伍年分造贰尺细料方砖 / 直隶苏州府总督同知吴中立委官检校茹沈京 / 窑户小甲

田吴徐中户王能弟造

泰昌朝皇家宫苑、坛庙和陵寝建修大事要览

泰昌朝(1620)背景

泰昌帝登基后仅一个月就突然患重病去世。

当时,多数官员意识到明王朝正面临着极为严重的问题,甚至对明王朝已经不抱希望。泰昌帝刚即位就从皇室内库中拿出200万两白银供边防之用,同时取消了矿税和商税。

泰昌元年(1620,庚申年)

八月 重建皇极门。《光宗实录》:泰昌元年八月戊午,皇极门兴工(并见《日下旧闻考》六,《图书集成·职方典》)。

十月 哕鸾宫灾。《明史·熹宗录》:泰昌元年十月丁卯,哕鸾宫灾。

衰落期:天启至崇祯朝

万历后期朝廷对三大殿等皇家建筑的修建已经力不从心,天启朝对三大殿的修建只是万历朝的接续。完工之后,辽事日糜,国力渐竭,烧造规模和数量都相当之小。至崇祯即位之初,修造德陵之时,竟至需拆变魏忠贤生祠以及郭、王二后陵园的遗砖而用。

因此,天启朝即使有金砖的烧造,规模和数量当很小;而崇祯朝,则可以推定,已不可能再有金砖

明熹宗朱由校(天启)

烧造的圣谕行文下达了。

天启至崇祯朝皇家宫苑、坛庙和陵寝建修大事要览

天启朝(1621—1627)背景

天启帝是明朝皇帝中名声最坏的一个,天启朝也是中国历史上的一个灾难时期。

天启帝体弱,智力上有缺陷。尽管朝臣竭力鼓励他学习,但他对政务全然没有兴趣,宁愿在深宫中做他的木匠活儿。天启朝还由于太监魏忠贤的专横以及众多的灾害,社会形势出现较大的危机。

崇祯朝(1628—1644)背景

崇祯帝虽然认真负责,却因缺乏经验且生性多疑而终究没能抵挡满清和大顺的攻击,使得明朝在他手中覆灭。

崇祯统治初期,中国北部和中部的旱灾、饥荒导致经济衰退,叛乱不断;中后期,东南部的经济也开始停滞不前,社会也越来越不稳定;至崇祯十年前后,东部和东南部的水灾、旱灾和蝗灾导致饥荒处处,乞丐遍地。

天启元年(1621,辛酉年)

正月 庆陵开工。

八月 毁乾德阁。

天启二年(1622,壬戌年)

毁乾祐阁,建嘉乐殿。

天启三年(1623,癸亥年)

七月 南京大内灾。

十一月 庆陵享殿成。

天启五年(1625,乙丑年)

二月 修三殿。《熹宗实录》:天启五年二月庚子,命御史崔呈秀巡视殿门工程。《春明梦余录》六:天启五年二月,起工修三殿。

九月 皇极门成。

天启六年(1626,丙寅年)

九月 皇极殿成。《熹宗实录》:天启六年九月甲午,皇极殿成,上御殿,百官行庆贺礼。《明史·熹宗纪》:天启六年九月壬辰,皇极殿成。

天启七年(1627,丁卯年)

三月 重修隆德殿。

八月 三殿成。《熹宗实录》:天启七年八月己亥,礼部奏,三殿告成,请择吉临御。己酉,工部奏,三殿大工开工,自天启五年二月二十三日起,至七年八月初二日报竣。《明史·熹宗纪》:天启七年八月戊戌,中极、建极二殿成。《春明梦余录》七:天启七年八月初二日,三殿工成。

崇祯八年(1635,乙亥年)

正月 凤阳皇陵灾。《明史·毅宗纪》:崇祯八年正月辛酉,张献忠陷颖州,丙寅,陷凤阳,焚皇陵楼殿。

崇祯十四年(1641,辛巳年)

八月 重建太学。

崇祯十五年(1642,壬午年)

十二月 献陵灾。《明史·毅宗纪》:崇祯十五年十二月,贼分兵下德安……遂陷荆州。癸巳,焚献陵。

注:

①万历朝重修本《明会典》卷一九零,工部十,物料,九六三页

②《姑苏志》卷一四,(明)林世远、王鏊等纂修,正统元年刻本,上海图书馆藏

③《四库全书总目提要》卷八十四,史部四十,政书类存目二,《造砖图说》

④《明太宗实录》卷五七,永乐四年闰七月壬戌,四八页,《抄本明实录》第三册

⑤《明太宗实录》卷五八,永乐四年八月,五三页,《抄本明实录》第三册

⑥《明太宗实录》卷八零,永乐六年六月丁亥,一一二页,《抄本明实录》第三册

⑦《明太宗实录》卷九二,永乐七年五月己卯,一四八页,《抄本明实录》第三册

⑧《明太宗实录》卷九三,永乐七年六月戊申,一五六页,《抄本明实录》第三册

⑨《明太宗实录》卷一四七,永乐十二年正月己亥,一四七页,《抄本明实录》第三册

⑩《明太宗实录》卷一七九,永乐十四年八月丁亥,三五四页,《抄本明实录》第三册

⑪《明太宗实录》卷一八七，永乐十五年四月癸未，一四七页，《抄本明实录》第三册

⑫《太宗实录》卷二三三，永乐十八年十二月癸亥，四三五页，《抄本明实录》第三册

⑬《春明梦余录(六)》，转引自单士元《明代建筑大事年表(一)》，三三～三四页

⑭《明北京营建物料采办研究——以采木和烧造为中心》一八三页，第三章《烧办方式之变迁》之第一节《官办烧造》

⑮ 本章明代历朝皇家宫苑、坛庙和陵寝建修大事要览主要参考《单士元集》第一卷《明北京宫苑图考》和第二卷《明代建筑大事年表》

⑯ 万历朝重修本《明会典》卷一九零，工部十，物料，九六三页

⑰《明宣宗实录》卷六五，宣德五年四月壬申，四零八页，《抄本明实录》第四册

⑱《明宣宗实录》卷八五，宣德六年十二月甲午，五二一页，《抄本明实录》第四册

⑲《明英宗实录》卷六五，正统五年三月戊申，三三三页，《抄本明实录》第五册

⑳《单士元集》第四卷，《史论丛编(一)》，一〇五页，《明代营建北京的四个时期》

㉑《单士元集》第四卷，《史论丛编(一)》，一〇五页，《明代营建北京的四个时期》

㉒《明宪宗实录》卷八四，成化六年十月己酉，四三六页，《抄本明实录》第八册

㉓ 万历朝重修本《明会典》卷一百九十，工部十，物料，九六三页

㉔《明宪宗实录》卷二三零，成化十八年八月辛丑，三八九页，《抄本明实录》第八册

㉕《明宪宗实录》卷二四八，成化二十年正月乙未，四六一页，《抄本明实录》第九册

㉖ 万历朝重修本《明会典》卷一九零，工部十，物料，九六三页

㉗《明武宗实录》卷一一七，正德九年十月己酉条，二三六九～二三七〇页，《明实录》

㉘ 万历朝重修本《明会典》卷一八一，工部，营造，内府，九一八页

㉙《明武宗实录》卷一五八，正德十三年正月辛酉，三〇四〇～三〇四二页，《明实录》

㉚ 本章明代金砖铭文边款选录主要参照丁文父《金砖识录》

㉛ 万历朝重修本《明会典》卷一九零，工部十，物料，九六三页

㉜《明世宗实录》卷五四，嘉靖四年八月戊子，一三二七～一三二八页，《明实录》

㉝《明世宗实录》卷一八六，《明实录》

㉞《明世宗实录》卷二七九，嘉靖二十二年十月己卯，五四三七页，《明实录》

㉟《明世宗实录》卷四四六，《明实录》

㊱《明世宗实录》卷四四六，《明实录》

㊲《明世宗实录》卷五一三，《明实录》

㊳ 咸丰《庆云县志》，卷三艺文志第十

㊴《明神宗实录》卷一八八，万历十五年七月癸巳，《明实录》

初吉终乱

初吉终乱——清代历朝的金砖烧造

清帝入关后，沿袭明代细料方砖的烧造制度，继续将苏州陆墓作为宫殿、坛庙等要工室内铺地用砖的指定烧造地，并将细料方砖正式改名为“金砖”。

随着皇家建筑的不断兴作，苏州陆墓金砖烧造的数量和技艺也在日益积聚，经过顺治、康熙和雍正三朝之后，清代的金砖烧造在乾隆朝到达巅峰。

与皇朝国力相呼应，金砖烧造至道光、咸丰开始低迷，咸丰以后甚至出现陆墓仅剩一户窑工，官府不得不招募组织窑户的现象；由于窑力不足，金砖在同治前后，至光绪、宣统年间，只能分批烧造，勉强完成圣谕饬令。

宣统三年（1911），与清王朝的消亡同步，明清御窑古金砖的烧造也随之结束。

顺治朝

顺治元年（1644）八月，清帝自盛京迁都燕京，进驻紫禁城。在此前后，对太和殿、中和殿、位育宫（保和殿）和乾清宫等外朝内廷的主要宫殿作了修建，《清世祖实录》中有记载：

顺治元年七月，是月，兴乾清宫工。[①]

顺治二年五月，是月，兴太和殿、中和殿、位育宫工。[②]

乾隆《会典则例》中也有关于顺治初年为方砖定价的记录：

顺治初年定，城砖每块给银四分三厘，二尺方砖每块银一钱四分，尺七方砖银九分，尺二方砖银四分，减角砖五厘，头号版瓦每片银五厘。[③]

然而，此时正是清兵南下之际，苏州等江南地区仍在明朝残余政权的统治之下，可以肯定，这里所说的修建北京宫殿时所用的“方砖”，并非苏州陆墓所产的“细料方砖”。从有关这一时期清廷在临清立窑烧造细砖的史料看，如乾隆《会典则例》载“顺治二年，部委司官一人提督临清砖厂兼理闸务”[④]，清代初年修建紫禁城等皇家建筑时所用的城砖和室内铺地方砖，当产自土质同样坚细只是稍逊苏州陆墓的山东临清。此外，从工部核定的二尺和尺七方砖的工料价格看，也可以证明，这里所说的方砖，并非陆墓金砖（从后面的引文可知，二尺金砖每块工料银是五钱八分八毫，一尺七寸金砖每块四钱八分二厘七毫，是这里所说“二尺方砖每块银一钱四分，尺七方砖银九分”的好几倍）。

不过，等到顺治十二年（1655），建造乾清、景仁、承乾、永寿、交泰和坤宁等宫殿时，文献记载已经相当明确，陆墓窑再次成为朝廷烧造室内铺砌用的细料方砖的唯一指定厂家——顺治八年（1651），清帝曾停烧临清砖——而且这时，细料方砖已经正式改名为“金砖”：

顺治十二年正月甲午，谕议政王、贝勒、大臣、九卿曰：去岁欲修造乾清宫，念被水灾民，方加恩恤，是以未即兴工。今正宫为后妃所居，朕无治理政务之所，因居便殿视事。现在应否修造，著会议具奏。寻议，今年应即行修造，否则所储木料，为雨水浸坏，糜费愈多。奏入。从之。……丙午，以起造乾清、景仁、承乾、永寿四宫，遣内大臣伯索尼祭告圜丘。[⑤]

顺治十二年，修造乾清宫等宫，需用二尺、一尺七寸铺地金砖，部委官至苏州会同巡抚估计，交地方官动支本省解部正杂改折等银造办。[⑥]

顺治十四年（1657）正月江宁巡抚张中元的揭帖等相关材料也表明，顺治十二年（1655）至十四年（1657）左右，陆墓金砖的烧造，接续了明代万历的惯例，在清代开始兴起：

御旨先传着造金砖旨意。已令工部，至今造完或无造完未闻。如造完，速行解送；如未完，着速造，陆续解送……烦将原派造办正副金砖及烧完出窑数目，限文到五日，开列具题，即严催，速运解送，并起运日期先行报部，以凭察催等因。

据苏州府同知柳翘才申，据委官知事黄鼎慎报称，烧造正副金砖，卑职于陆墓、徐庄二处窑所，晓夜督催，于十三年八等月初七等日陆续入窑，于本年十二月初四等日，已计出窑金砖一万三千五百一十五块，又于十四年正月初三等日，续完出窑金砖二万六千八百块，二次共出窑正副金砖四万三百一十五块……⑦

乾隆《会典则例》中关于顺治年间工部给定金砖的烧造价格和运输价格的材料，也表明了陆墓金砖在继明代之后，随着紫禁城宫殿的建造，有一次较大规模的烧造：

顺治十四年覆准，江苏等七府，二尺金砖，每块工料银五钱八分八毫，一尺七寸金砖，四钱八分二厘七毫……苏州府二尺副金砖，每块工料银三钱三分三厘八毫八丝；一尺七寸副金砖，二钱七分七厘……江、宁、池、太、常、镇等六府，二尺副金砖，每块工料银四钱三分七厘三毫二丝；一尺七寸副金砖，三钱一分六厘。⑧

从这则材料可知，顺治年间金砖的烧造沿袭了明代细料方砖烧造时的监管和费用分担方式：由工部将烧造金砖的任务分派给苏、宁等七府，各府委任专门官员负责到指定的唯一生产地——苏州陆墓窑区监督管造，费用除工部给付核定部分外，其他则动用地方财政。

由上面的史料可以大致确认，顺治朝金砖的大规模烧造仅这一次，数量为四万三百一十五块。

顺治朝皇家宫苑、坛庙和陵寝建修大事要览

顺治朝(1644—1661)背景

清朝统一全国之初,因明朝遗制,建立了从中央到地方的全套组织。顺治帝即位以后,赋税征收按万历初年为准,取消一切加派,还对百姓赋税予以蠲免。顺治帝还千方百计招徕流民,奖励开垦。这些鼓励和推动使得顺治年间的农业生产得到了一定程度的恢复,丁口、耕地数字有相当的增长。

顺治元年(1644,甲申年)

五月 建明崇祯帝后陵墓。

七月 建乾清宫。《清世祖实录》:是月,兴乾清宫工。

八月 迁都燕京。《清世祖实录》:乙亥,上自盛京迁都燕京。是日,车驾启行。

九月 修大内宫殿。康熙《会典》卷一三一:顺治元年,作大内宫殿于燕京,正殿曰太和殿,御以受朝贺。殿之左曰中左门,右曰中右门,两廡之间左曰体仁阁,右曰弘义阁。体仁阁之北曰左翼门,弘义阁之北曰右翼门。太和殿之后曰中和殿,中和殿之后曰保和殿。殿之左曰后左门,右曰后右门。太和殿之南,正中曰太和门。门之左曰昭德门,右曰贞度门。太和门外,两廡之间,左曰协和门,右曰雍和门。

顺治二年(1645,乙酉年)

五月 太和殿、中和殿、位育宫(保和殿)兴工。乾清宫成。

顺治三年(1646,丙戌年)

四月 修盛京先师庙。

十二月 位育宫成。

顺治四年(1647,丁亥年)

正月 五凤楼(午门楼)兴工。

七月 建射楼。

十一月 五凤楼(午门楼)工成。

顺治五年(1648,戊子年)

四月 修太庙。

顺治八年(1651,辛卯年)

二月 修太庙工完。

九月 改承天门名天安门。

顺治九年(1652,壬辰年)

七月 改北安门名地安门。

顺治十年(1653,癸巳年)

六月 慈宁宫成。

顺治十二年(1655,乙未年)

正月 起造乾清、景仁、承乾、永寿四宫。

六月 改紫禁城后山为景山,西华门外台为瀛台。

顺治十三年(1656,丙申年)

闰五月 设江山、社稷殿。

七月 乾清宫成。

十二月 敕建奉先殿。《清世祖实录》:朕考往代典制,岁时致享,必于太庙,至于晨昏谒见、朔望荐新、节序告虔、圣诞忌辰行礼等皆另建有奉先殿,今制度未备,孝思莫伸,朕心歉然。尔部即察明旧制具奏。

顺治十四年(1657,丁酉年)

十月 谕修文庙。昭事殿、奉先殿告成。建南苑元灵宫。修京师先师庙。

顺治十五年(1658,戊戌年)

五月 修太学太庙。

顺治十六年(1659,己亥年)

十一月 修明陵。《清世祖实录》:前代陵寝,神灵所栖,理应严为防护。朕巡幸畿辅,道经昌平,见明代诸陵殿宇墙垣倾圮已甚,近陵树木多被斫伐,向来守护未周,殊不合理。尔部即将残毁诸处尽行修葺,见存树木永禁樵采。添设陵户,令其小心看守。责令昌平道官不时严加巡察。尔部仍酌量每年或一次,或二次,差官察阅,勿致疏虞。

顺治十七年(1660,庚子年)

五月 修天坛演乐堂及大殿、大门。《清世祖实录》:至于演乐堂并库房损坏倒塌者甚多,应概行修理,但臣部钱粮匮乏,一时难以鸠工,兹宜先将演乐堂及大殿、大门修补,俟钱粮充足之日,再请通行修理。

顺治朝金砖边款铭文选录

■ 顺治拾叁年造尺柒细料方砖 / 江南苏州府贴堂同知柳翘才照磨袁一恭管造

康熙朝

康熙十八年(1679)七月，北京大地震，紫禁城宫殿多被震伤；十二月，太和殿又灾，大火由御膳房起，乘风势延及金銮殿，太和殿化为焦土废墟。

康熙十八年十二月甲子，太和殿灾。[9]

己卯，太和殿灾，颁诏天下。诏曰：乃于康熙十八年十二月初三日，太和殿灾，朕心惶惧，莫究所由。[10]

康熙十八年(1679)，清帝在惶恐中发布罪己诏，同时也在紧张和焦虑中命工部向江宁巡抚发出前往陆墓烧造金砖的圣谕：

康熙十八年题准，令江宁巡抚动支正项烧造二尺、一尺七寸金砖万五十四块，每正砖十准造副砖三。[11]

地震过后，很多紫禁城宫殿需要修缮，如：康熙十八年十二月，修奉先殿，建毓庆宫；康熙十九年六月，修乾清宫；康熙二十一年七月，改建咸安宫为宁寿宫；康熙二十二年五月，建文华殿、启祥宫、长春宫、咸福宫；康熙二十四年四月，建传心殿；康熙二十七年，建宁寿宫……

众多宫殿的修缮和营建，自然需要大量的金砖。于是，至康熙二十九年(1690)，清宫档案中又有

清圣祖爱新觉罗·玄烨（康熙）

了令江宁巡抚烧造金砖的记载：

康熙二十九年题准，令江宁巡抚动正项银烧造二尺金砖一千四百九十块，一尺七寸金砖千一百五十九块，每正砖十烧造副砖一。[12]

在紫禁城的其他宫殿基本修建结束之后，康熙三十四年（1695）二月，太和殿在被毁整整十五年之后，兴工重建："康熙三十四年二月丁已，以太和殿兴工，遣官告祭天地、太庙、社稷。"[13] 两年半以后，至康熙三十六年（1697）七月，太和殿重建竣工。

太和殿的这次重建，共用二尺金砖四千七百八十块：

地面铺墁金砖一层，除墙面阔十七丈五尺一寸五分，进深十丈四尺七寸九分，折见方丈一百八十三丈五尺九寸五分，除柱顶四十个，各见方五尺，并过门槛垫净折见方丈一百六十八丈四尺九寸一分，每丈用金砖二十八个，共用二尺金砖四千七百八十个……二尺金砖四千七百八十个，每铺墁金砖一个，用灰十二觔，桐油三两，白面三两，共用白灰五万六千六百十六斤，桐油八百八十四斤十两，白面八百八十四斤十两。[14]

从康熙十八年（1679）紫禁城宫殿被地震所伤和太和殿被大火所焚，到康熙三十六年（1697）太和殿重建完工，十八年左右，是康熙朝紫禁城皇家宫殿修建最为频繁的时期，康熙朝较大规模的金砖烧造也是在这一时期，目前发现的几款康熙朝金砖的铭文（①康熙贰拾肆年成造贰尺细料金砖 / 江南苏州府督造管粮通判段鼎臣知事寇安管造；②康熙三十年成造尺柒细料金砖 / 江南苏州府贴堂同知李若泌督造知厅余应聘管造）也可以对此加以印证。

康熙朝皇家建筑的兴修可分为三个时期：

1. 前期 康熙元年（1662）— 十七年（1678）

这一时期与金砖相关的建筑大事，仅康熙六年（1667）七月重建端门，以及康熙八年（1669）正月修理太和殿、乾清宫、交泰殿、坤宁宫。在此期间，金砖的烧造按照用则征解的惯例在延续，因为康熙九年（1670），工部有制定官员金砖选送规则的记载：

康熙九年题准，起解金砖及木料，如不选择精美，以不堪用者解送，或折损，或迟延，由部核参，地方官罚俸一年，扶司各罚俸六个月。[15]

2. 中期 康熙十八年（1679）—三十六年（1697）

3. 后期 康熙三十七年（1698）— 六十一年（1722）

在基本完成了紫禁城宫殿的修建之后，康熙后期皇家建筑的重点是热河行宫，如：康熙四十一年（1702）建热河两间房行宫，四十二年（1703）建热河避暑山庄和承德府波罗河屯行宫，四十三年（1704）建热河承德府王家营行宫，四十九年（1710）建热河承德府巴克什行宫，五十九年（1720）建热河承德府什巴尔台行宫。

这一时期，虽然没有大规模的征解，但由于皇宫、行宫、坛庙和陵寝的日常兴建和修缮，二十多年间，金砖应该还有按照惯例补缺性的烧造。

康熙朝皇家宫苑、坛庙和陵寝建修大事要览

康熙、雍正和乾隆三朝，从 1662 年至 1795 年，共 134 年，是整个清朝时间的一半，世称“康乾盛世”。

康熙朝(1662—1722)背景

康熙帝采取多种措施,使得辅政时期激化了的各种矛盾得到缓和。在平定三藩之乱后,社会进入一个和平发展的新时期。他在发展经济、巩固边疆的同时,在政治上也采取各种措施,加强中央集权,消除长期以来形成的各种社会矛盾和问题,巩固封建统治,清朝统治开始进入全盛时期。

康熙六年(1667,丁未年)

七月 重建端门。

康熙八年(1669,己酉年)

正月 修理太和殿、乾清宫。《清圣祖实录》:皇帝现居庆宁宫,即保和殿也。以殿为宫,于心不安。可将乾清宫、交泰殿修理,皇帝移居彼处。

十一月 修理太和殿、乾清宫、交泰殿、坤宁宫成。

康熙十八年(1679,己未年)

八月 修乾清宫。《清内务府营造司呈文档》:康熙十八年八月十九日,营造司呈:为大略预备领用砖瓦绳等项事,修理乾清宫等宫殿,用二等红土一万斤;头等红土一千斤,土黄六百斤,新样城砖二千,旧样城砖二千,一尺七寸方砖一百,麻刀绳一千斤,青麻一百五十斤,琉璃瓦、砖,吻、兽、狮子、海马、猫儿头,滴水等项三千五百六十四付。(注:康熙十八年七月地震,乾清宫被震。)

十二月 太和殿灾。修建奉先殿。建毓庆宫。

康熙十九年(1680,庚申年)

正月 修紫禁城宫殿。《清内务府来文档》:修缮宫殿需用石灰一千万斛……本部派大臣一员,宫殿监修官一员，管理烧制石灰及转运等事。（注：康熙十八年七月北京地震，宫殿多有震伤，此次修缮，盖即在地震之后。）

六月 修理乾清宫。《清圣祖实录》：康熙十九年六月丙寅，因修理乾清宫，是日，上移驻瀛台。

康熙二十一年（1682，壬戌年）

七月 改建咸安宫为宁寿宫。

康熙二十二年（1683，癸亥年）

五月 建文华殿。建启祥宫、长春宫、咸福宫。

康熙二十三年（1684，甲子年）

诏修各省文庙。

康熙二十四年（1685，乙丑年）

四月 建传心殿。

康熙二十五年（1686，丙寅年）

二月 文华殿、传心殿成。

十二月 和硕康亲王府火。

康熙二十七年（1688，戊辰年）

建宁寿宫。

康熙三十一年（1692，壬申年）

九月 修曲阜孔庙成。

康熙三十四年(1695,乙亥年)

二月 重建太和殿兴工。《清圣祖实录》:康熙三十四年二月丁已,以太和殿兴工,遣官告祭天地、太庙、社稷。

康熙三十六年(1697,丁丑年)

七月 太和殿成。重建承乾、永寿二宫,坤宁宫东西暖殿。

康熙四十一年(1702,壬午年)

建热河两间房行宫。

康熙四十二年(1703,癸未年)

建热河避暑山庄。

康熙四十三年(1704年,甲申年)

建热河承德府王家营行宫。

康熙四十九年(1710,庚寅年)

建热河承德府巴克什行宫。

康熙五十九年(1720,庚子年)

建热河承德府什巴尔台行宫。

康熙朝金砖边款铭文选录

■ 康熙贰拾肆年成造贰尺细料金砖 / 江南苏州府督造管粮通判段鼎臣知事寇安管造

■ 康熙三十年成造尺柒细料金砖 / 江南苏州府贴堂同知李若泌督造知厅余应聘管造

■ 康熙叁拾壹年成造尺柒细料金砖 / 署江南苏州府督造总捕同知吴县知县张篚 / 知事余应聘管造

雍正朝

雍正三年(1725),有过一次大规模的金砖烧造:

雍正三年题准,令江宁巡抚动正项银烧造一尺七寸金砖万块。[16]

这次金砖的征解,很可能是因为宫殿坛庙修建,以及康熙景陵、晓庄文皇后昭西陵和雍正万年吉地(泰陵)等工程的需耗,京仓中康熙朝留下的金砖已经告缺的缘故:雍正元年(1723),圜丘、方泽、日、月、社稷、先农各坛,及太庙、历代帝王庙、真武庙等处修理,并建时应宫;雍正三年(1725)二月,拟建昭西陵,景陵成;雍正四年(1726),建紫禁城城隍庙……

雍正六年(1728),采办万年吉地物料:

又,工部奏,本部郎中喀尔吉善采办万年吉地应用物料,其运价银两应咨行户部陆续支取,至各省办解楠杉等木、金砖等项,俟运到之日,将运价另行核算。[17]

雍正三年的这次征解,正式烧造应该是在雍正五年(1727),目前发现的雍正金砖中就有这一款:"雍正伍年成造细料尺柒金砖 / 江南苏州府知府温尔逊知事照磨熊国寿管造。"

雍正朝第二次较大规模的金砖烧造在雍正十年(1732)前后:

清世宗爱新觉罗·胤禛(雍正)

雍正十一年题准，苏州金砖由粮船搭解抵通，每块运价银一分六厘。[18]

金砖尺寸，雍正十一年定，一尺七寸，二尺二寸。临清砖，每块长一尺五寸，宽七寸五分，厚四寸。[19]

雍正十一年（1733），工部再次确定金砖的尺寸、运价和运输途径，表明在此前后正在烧造金砖。

再看看雍正十一年前后的皇家建筑修建情况——

雍正八年八月，乙卯。巳刻，京师地震。[20]

众多的皇家宫殿自然又要修建。

雍正九年九月庚寅，领侍卫内大臣英诚、公丰盛额等奏言：紫禁城宫殿尚未缮完，请暂停畅春园九经三事殿，然后移往田村芦殿安奉。从之。[21]

雍正九年奉旨，修理紫禁城等工，钦点王大臣督率内务府、工部官员监造。[22]

大高玄殿、紫禁城内斋宫、畅春园法海寺、雍和宫、慈宁宫、寿康宫等都在地震后的当年或之后几年内或修或建。

再联系目前发现的另一款雍正金砖的铭文“雍正拾年补造细料尺柒金砖／江南苏州府知府周梦锦署知事陈志虞管造”，基本可以推测到，雍正朝的另一次大规模金砖烧造活动当在雍正十年（1732）前后。

雍正朝皇家宫苑、坛庙和陵寝建修大事要览

雍正朝（1723—1735）背景

雍正帝在位十三年，厉行改革，调整了某些社会关系，缓和了社会矛盾，促进了社会生产的发展。

雍正帝具有果敢、雷厉风行的办事作风。他勤于政事，是一个奋发有为的皇帝。然而，他为人严苛，屡兴文字狱，使得文化和社会气氛紧张。

雍正元年(1723，癸卯年)

三月 谕修圜丘、方泽、日月、社稷、先农各坛及太庙、历代帝王庙、真武庙。建时应宫。

雍正二年(1724，甲辰年)

十二月 修雍和宫兴工。

雍正三年(1725，乙巳年)

二月 拟建昭西陵。景陵成。

雍正四年(1726，丙午年)

建紫禁城城隍庙。《国朝宫史宫殿》:英华殿之西北有城隍庙，雍正四年建。

雍正六年(1728，戊申年)

二月 建京师风神庙名宣仁庙。

雍正八年(1730，庚戌年)

十二月 谕修孔林。修大高殿。《日下旧闻考》卷四《皇城》:大高殿在神武门西北阙，明嘉靖中建，本朝雍正八年修。修理地坛斋宫，改建正殿，增建内宫门。

雍正九年(1731，辛亥年)

九月 修紫禁城宫殿。《清世宗实录》:雍正九年九月庚寅，领侍卫内大臣英诚、公丰盛额等奏言：紫禁城宫殿尚未缮完，请暂停畅春园九经三事殿，然后移往田村芦殿安奉。从之。

十月 建紫禁城内斋宫。建京师永佑殿。修京师显佑宫。

雍正十二年(1734,甲寅年)

三月 修畅春园法海寺。《清内务府奏销档》:臣等遵旨将法海寺应行修理之处,派出管理畅春园西花园事务董殿邦踏看得,殿宇共计八十七间,建造年久,未经修理……应重修者二十四间,粘补者六十五间。

四月 改造王府庙宇,补造圆明园佛像。

雍正十三年(1735,乙卯年)

二月 修太学文庙。

八月 修雍和宫。

十一月 修慈宁宫。

十二月 建寿康宫。

雍正朝金砖边款铭文选录

- 雍正伍年成造细料尺柒金砖 / 江南苏州府知府温尔逊知事照磨熊国寿管造
- 雍正拾年补造细料尺柒金砖 / 江南苏州府知府周梦锦署知事陈志虞管造

乾隆朝

与经济国力和建筑兴工相呼应，清代金砖烧造在乾隆朝达到高峰。

六十多年间，从养心殿、乾清宫、寿皇殿、宁寿宫等紫禁城宫殿，圆明园九州清晏、畅春园、西苑瀛台等园林苑囿，到太庙、奉先殿和天、地、日、月等坛庙祭祀场所，以及帝后陵寝的建造，皇家建筑的修缮和兴建虽然有起落兴息，但陆陆续续，始终不断，金砖的烧造也是如此。即使到了乾隆末期，皇家兴作似有歇息的征兆，却依然有大臣上疏需要烧造金砖六千块，副砖两千四百块：

据奇丰额奏，动用耗羡银两一折内称，本年正月，奉文成造尺寸大小不等金砖六千块，副砖两千四百块等语，现在宫殿各座并无新造工程需用金砖之处，朕之所知，又何须行文成造，并为数如此之多，徒置无用，此必系工程以备用为名，令其成造解送，图得铺垫使费，并可借端开销。[23]

乾隆元年（1736），建寿康宫用金砖：

寿康宫大殿五间，地面砍细尺七金砖铺地……后殿五间，殿内成砌地炕，尺七金砖墁地。[24]

乾隆三年（1738），核准金砖烧造的价格：

乾隆三年覆准，烧造二尺二寸金砖正砖每块准销银九钱一分，副砖准销银六钱三分七厘；二尺正砖每块银四钱九分四厘八毫，副砖三钱三分三厘八毫八丝；一尺七寸正砖，每块银四钱八厘三毫，副砖二钱七分七厘，其副砖价值照十正三副定例，于存公项内动给。[25]

而从乾隆四年（1739）江苏巡抚臣张渠的奏折更是可以明确地知道，随着皇家建筑的兴作，乾隆初年已有相当数量的金砖烧造：

清高宗爱新觉罗·弘历（乾隆）

近年奉文敬造钦工金砖，共计八千余块，内尚有二尺二寸金砖。砖身愈大，烧造愈难。[26]

当时，烧造的金砖除了前面所说的寿康宫地面铺墁所用，还有乾清宫和养心殿等处：

臣派员详细踏勘得乾清宫殿内明三间铺墁见方二尺二寸金砖六百七十六块，估计得需用物料工价银三百二两一分九厘，行取黄蜡一百二十六斤十二两，江米一石一升四合，黑炭二千二十八斤。[27]

臣派员踏勘得，养心殿前、后殿，及穿堂共用金砖一千二十块，详细估计得，需用物料工价银四百三十二两二分一厘，每块砖用黄蜡三两，用黑炭一斤十四两，共行取黄蜡一百九十一斤四两，黑炭一千九百一十二斤，江米一石二斗七升，木柴一千二百斤，此项所需银两，请在广储司内库内支领，派员兴修。[28]

乾隆四年（1739），还对金砖烧造以及副砖制度做了定例规定：

乾隆四年覆准，烧造金砖，令该抚将副砖选择尚系纯全者一并解部委官验收，除正砖务须体质坚腻、棱角完好，慎重选择其副砖，亦择纯全堪用者准其开销运价，除系窳裂难以应用，即将运价扣除。[29]

乾隆四年覆准，一尺七寸、二尺及二尺二寸金砖，均照顺治十二年、康熙十八年正十副三例烧造。[30]

乾隆二十四年（1759）再次对金砖的烧造、运输等工价定例：

乾隆二十四年议准，正副金砖需用厂具稻草、蒲包、草索。计见方二尺二寸正金砖，每块销银九分六厘，副砖每块销银八分四厘；见方二尺正金砖，每块销银八分六厘，副砖每块销银七分四厘；见方一尺七寸正金砖，每块销银七分四厘，副砖每块销银六分二厘。如造办金砖有长宽尺寸不同之处，其所需砖价以及厂具稻草、蒲包、草索银两，将所造砖块折实见方尺寸，比照相仿各项金砖尺寸正副料则，折实覆算。[31]

乾隆二十四年议准，江苏省造办金砖到通，每块覆给上岸雇夫赁房垫压砖银一钱二分三厘六毫四丝四忽五微，如遇工程紧急，雇觅民船，自苏省运至通州，见方二尺金砖，每块运价银三钱七分。自通州运送至京，见方二尺金砖，每块运价银一钱三分九厘五毫三丝四忽，如自通州运至圆明园，计程七十里，照通州运京例计程覆给。如遇砖块长宽尺寸不同，将长宽折定见方尺寸，照各本条料则，折实覆算。[32]

乾隆四年（1739）后，乾隆朝有档案可以查实的较大规模的金砖烧造主要有：

1. 乾隆十一年（1746）太庙、奉先殿

乾隆十一年覆准，太庙、奉先殿取用金砖，由粮船搭运抵通，照雍正十一年办解一尺七寸金砖每块准给运银一分六厘例折算，二尺金砖准银二分二厘一毫四丝四忽，二尺二寸金砖准银二分六厘八毫。[33]

2. 乾隆十五年（1750）内廷、圆明园、寿皇殿

江省奉文办解各案金砖内，上年委员丁士英，起解宝源、宝泉贰局金砖壹千块、副砖一百块，今又起解内廷工程、圆明园、寿皇殿等项金砖，共有捌千肆百柒拾陆块，又备带副砖捌百肆拾柒块陆分，合共正副金砖壹万肆百贰拾叁块陆分，俱从粮船搭运，直抵通津二处。[34]

3. 乾隆十六年（1751）两郊坛宇

江省奉文成造两郊坛宇工程需用金砖……奉部准销成案给发办理，共计正砖二千六百二十四块，随解加一副砖二百六十二块四分，共该水脚银一千四百二十四两七钱零。[35]

4. 乾隆十六年（1751）祈谷坛大享殿

江省奉文烧造祈谷坛大享殿三层台面，取用金砖二万六百三块……所有备选加三副砖六千一百八十块九分，估需工价，并解京十正一副金砖二千六百块三分。[36]

5. 乾隆十九年（1754）太和门等处

江省奉文成造太和门等处粘补地面，取用二尺金砖二千块……并解京十正一副金砖二百块包索等银二百一十五两一钱零，应于上下两江司库耗羡银内动支办理。[37]

6. 乾隆二十三年（1758）夕月坛台面

江省奉文办造夕月坛台面需用尺七金砖二千块，并备带副砖二百块，共二千二百块。[38]

7. 乾隆三十一年（1766）坛庙工程及宝泉、宝源二局

江苏省奉文办造坛庙工程及宝泉、宝源二局需用二尺金砖二千块，并备带金砖二百块，共二千二百块。[39]

8. 乾隆三十五年（1770）坛庙等工

江苏省奉文办造内廷并坛庙等工程，需用二尺二寸金砖五百块，又二尺金砖二千块，一尺七寸金砖二千块，共计四千五百块，又备带堪用副砖四百五十块，通共正副金砖四千九百五十块。[40]

9. 乾隆三十七年（1772）宁寿宫

乾隆三十七年三月内，江苏省奉文成造宁寿宫，应用二尺金砖八千六百四十八块，一尺七寸金砖一万一千八十七块，共一万九千七百三十五块。[41]

10. 乾隆四十九年（1784）辟雍殿

江苏省奉文办造辟雍殿工程，需用二尺金砖一千三百块，并将副砖一并解送等因，饬据苏州府督

令窑户烧造完竣，通共正副金砖一千四百三十块。[42]

11. 乾隆五十年（1785）坛庙宫殿

江苏省奉文办造坛庙工程等处，需用二尺二寸金砖一千块，二尺金砖二千块，尺七金砖三千块，并将副砖一并解送等因，饬据苏州府督令窑户烧造完竣，通共正副金砖六千六百块。[43]

将上面引用的清宫金砖档案与目前发现的乾隆朝金砖的边款铭文相互对照，可以得到基本准确的印证，可以看到乾隆朝金砖烧造的概貌。而仅就这些乾隆朝的相关档案估算统计，乾隆朝六十年间，皇家建筑在苏州征解的金砖总数目至少在十万块以上。

乾隆朝皇家宫苑、坛庙和陵寝建修大事要览

乾隆朝（1736—1795）背景

乾隆帝即位之初，宽大为政，并以极大的勇气和胆识翻了不少前朝旧案。他勤于政事，批阅奏章的辛劳不下于他父亲雍正。他提倡节约、清廉、爱民。他兴修水利，关心农业生产。在文化上，乾隆帝也是宽严相济、恩威并用。乾隆帝雄才大略，又好大喜功、挥霍浪费，他对江南的楼阁园林爱慕不已，因而把江南景观移建于北方，在京城内外建起了避暑山庄等园囿。

乾隆元年（1736，丙辰年）

二月 定世宗宪皇帝山岭名泰陵。

四月 修列祖陵寝及永、福、昭三陵。

九月 泰陵成。

十月 建寿康宫及修慈宁宫暨花园工程工竣。《寿康宫奏销黄册》:寿康宫大典五间,地面砍细尺七金砖铺地。后殿五间,殿内成砌地炕,尺七金砖墁地。东西配殿二座,每座三间,地面砍细尺七方砖铺墁。转角围房一座,四十五间,内裹搭砌地炕,砍细尺四方砖墁地。后三宫正殿三座,每座三间,殿内成砌地炕,砍细尺七方砖铺墁。转角围房一座三十九间,内裹成砌地炕,铺砍细尺四方砖铺墁地。东三宫头所、二所正房二座,每座三间,内裹成砌地炕,铺砍细尺七方砖铺墁。头所、二所门房二座,每座五间,内裹砍细尺四方砖铺墁地。建先蚕坛。

七月 修奉先殿。

乾隆三年(1738,戊午年)

修畅春园。《清高宗实录》:朕孝养皇太后,应有温凊适宜之所,是以奉皇太后以跸于此,不忍重劳民力另筑园囿。朕即在圆明园,而敬葺皇祖所居畅春园以为皇太后高年颐养之地,一切仍旧制,略为修缮,无所增加。修太庙。《清高宗实录》:本年二月初二日兴工修理太庙,正月二十七日先期告祭。

乾隆五年(1740,庚申年)

正月 改造毓庆宫。《清内务府奏销档》:(毓庆宫工程)建造大殿五间,照殿五间,前东西配殿六间,琉璃宫门二座,转角露顶围房三十四间,后院净房一间,成砌宫门大殿、后殿两边院墙,铺墁甬路、散水、丹墀,海墁地面。其殿宇房座,俱照宫殿式样油饰彩画裱糊。

十月 修瀛台。建建福宫。建安佑宫。

乾隆七年(1742,壬戌年)

六月 重建月坛具服殿,移建日坛具服殿及奉祀衙门。修南北郊斋宫。

乾隆八年(1743,癸亥年)

十月 修毓庆宫、斋宫。

乾隆九年(1744,甲子年)

五月 天、地、日、月坛工成。

乾隆十一年(1746,丙寅年)

十一月 重修大高玄殿。增建盛京师善斋、日华楼、协中斋、霞绮楼、颐和殿、介祉宫、敬典阁、迪光殿、保极宫、继思斋、崇谟阁等。

乾隆十二年(1747,丁卯年)

十月 观德殿宫门及添盖净房等工成。修乐善园。重修纯约堂。改香山行宫为静宜园。

乾隆十三年(1748,戊辰年)

四月 建静安庄殿宇房间及墙垣等工。移建寿皇殿。嘉庆《会典事例》卷八八九《内务府祀典》:乾隆十三年,移建寿皇殿于景山正中。(按:寿皇殿向在景山东北)建良乡县黄新庄行宫。

乾隆十四年(1749,己巳年)

正月 修和亲王府。

五月 修郊坛等工。

九月 修赣州至赵北口行宫。修圆明园长春书屋。重修雍和宫。建大成县行宫。永安寺添建宫殿房间。重修盛京崇政殿后房。

乾隆十五年(1750,庚午年)

正月 修杭州织造署行宫。

二月 改建圜丘。《清高宗实录》:坛面砖块,奉谕改用金砖,以期经久,考原制上成九重,二成七重,三成五重,上成围砖取阳数之极,自一九起,递加环砌,以至九九。二成、三成围砖不拘。今坛面加广,上成照九九墁砌,计每金砖一块,应长三尺六寸八分,下宽三尺五寸七分,上宽一尺,查金砖旧式,不过二尺二寸,若依展宽尺寸,烧造艰难,若增用块数,又于原制取义不符,请改用直隶房山县所产艾叶青砖……改建大享殿。

乾隆十六年(1751,辛未年)

七月 改大享殿名祈年殿,门为祈年门。搭做寿安宫大戏台。

十一月 重修祈谷殿。重修地坛。建倚虹堂。建涿州行宫。重修慈宁宫。建寿安宫。建热河珠源寺。建热河永佑寺。建热河水月庵。

乾隆十八年(1753,癸酉年)

正月 修天坛。

三月 修皇城。

十一月 天地坛工程成。修先农坛。重葺京师静明园。

乾隆十九年(1754,甲戌年)

四月 修大高殿。修万寿山。修理天坛牺牲所房宇。重修太岁坛。建三河县大新庄行宫。建蓟州盘山行宫。

乾隆二十年(1755,乙亥年)

十二月 修午门成。重修南苑德寿寺。建烟郊行宫。修承德府药王庙。建热河普宁寺。兴修日坛。兴修月坛。

乾隆二十一年（1756，丙子年）

修社稷坛。建山东州府泗水县行宫。

乾隆二十二年（1757，丁丑年）

四月 建徐州龙神庙行宫。

十一月 建孙家集河庙行宫。

乾隆二十四年（1759，己卯年）

十二月 添盖慈宁宫花园楼座。建热河承德府济尔哈朗图行宫。

乾隆二十五年（1760，庚辰年）

十二月 建五台山菩萨顶及台麓寺行宫。重建热河普佑寺。

乾隆二十六年（1761，辛巳年）

十一月 重修盛京关雎、麟趾、保极等宫。

乾隆二十七年（1762，壬午年）

十一月 重修英华殿。重修盛京凤凰楼、崇政楼、衍庆宫等。

乾隆二十八年（1763，癸未年）

五月 圆明园火。《清高宗实录》：五月辛酉，谕，今日圆明园失火，众皆奋力扑救，而那木图、那沁、兆德、保平、万福、李景皋等反自寻座处……那木图等著交领侍卫内大臣议处，銮卫章京伯宁站立廊下,由窗内观看……发往伊犁给厄鲁特为奴。

八月 重修南苑元灵宫。重修灵明显佑宫。

乾隆二十九年(1764,甲申年)

八月 添建江南鲁家庄行宫。

九月 添建热河行宫。

十月 建山东费县禹城晏子祠、魏庄四贤祠行宫。

乾隆三十年(1765,乙酉年)

九月 添建寿安宫戏楼。

十二月 重修历代帝王庙。

乾隆三十一年(1766,丙戌年)

三月 修东三所。《清内务府奏销档》:奴才等查看得东三所宫门一座,计三间,前大殿三座,各计三间,中央大殿三座,各计五间,后大殿三座,各计五间,照殿三座各计七间,配殿十八座,各计三间,顺山房六座,各计六间……以上殿宇房间亭座共一百十座,共计二百九十二间……估需工料银三千二百九十三两九钱五分八厘,请向广储司支领应用,统俟工竣另行派员详细查核。

九月 修理清音阁和寿安宫戏台。

十二月 修理瀛台、丰泽园、春藕斋、万善殿、承光殿、永安寺、积水潭等处宫殿房间。建热河普乐寺。

乾隆三十二年(1767,丁亥年)

七月 修宝相寺旁行宫。

十一月 修三殿。

十二月 改建慈宁宫。《清内务府奏销档》:……工料亦繁,至于砖块一项,所拆旧砖仍旧全行砌用,但一经拆卸不免残损,是以按例细砖添补三成,粗砖添补一成,计所需银三千三十一两五钱九分五厘……

乾隆三十三年(1768,戊子年)

十一月 修太学文庙,改正殿名大成殿,门名大成门。重修盛京宫殿。

乾隆三十四年(1769,己丑年)

七月 修热河斗母阁殿宇等。

十二月 修静宜园宝谛寺。重修大政殿、翊王亭、八旗亭、奏乐亭。

乾隆三十五年(1770,庚寅年)

五月 建山东行宫。

乾隆三十六年(1771,辛卯年)

正月 修宁寿宫暨瀛台。

九月 修理淑芳斋。

十二月 修理崇敬殿。重修盛京文庙。新建避暑山庄布达拉寺。

乾隆三十七年(1772,壬辰年)

四月 修桃花寺、盘山等行宫。修密云县行宫。修石槽行宫。修蔺沟行宫。修汤泉行宫。修怀柔县行宫。修瑶亭行宫。

六月 修建永安寺楼座房间、游廊暨八方亭、垂花门等。

七月 修建和静公主府第。

八月 修大内宫殿。

十月 修热河溥仁、溥善二寺山门、天王殿等殿。

十二月 改建慈宁寿宫宫门、大殿、前后围房等。建静明园仁育宫及玉宸殿等。修清漪园昙花阁并牌楼等。修西苑德寿寺。修建功德寺。修理阐福寺大殿、配殿及钟鼓楼等。建热河广安寺。建密云县白河神祠。

乾隆三十八年(1773,癸巳年)

正月 修雍和宫。

三月 拆盖太庙房间。

六月 修重华宫、翠云馆、葆中殿、浴德殿、淑芳斋地面。《清内务府奏销档》:查此项金砖地面要本月初一日拆至六成,初十日全行拆完,现在晒晾,尚未筑打灰土,灰工得时,始铺墁金砖。

十一月 建宁寿门。建宁寿宫。建皇极殿。建皇极门。重修京师龙王庙。

乾隆三十九年(1774,甲午年)

三月 修建热河文园。

七月 堂子大门、大殿等工成。

十月 建文渊阁。建热河殊像寺暨东南二所殿宇。

十一月 建圆明园文源阁。

乾隆四十年(1775,乙未年)

四月 添建畅春园阅武楼。

乾隆四十一年(1776,丙申年)

五月 建钓鱼台大吉楼。

九月 京师火神庙成。重修紫禁城。置文渊阁直房。修葺京师鼓楼。建盖热河文庙。

乾隆四十二年(1777,丁酉年)

正月 圆明园长春仙馆正殿、偏殿具改宫佛堂。

十月 重修永陵东西配殿、启运门、正红门并茶、膳房。新建南苑团河行宫。

乾隆四十三年(1778,戊戌年)

二月 建热河文津阁。

十月 修各处行宫。

十一月 添建江苏行宫。

乾隆四十四年(1779,己亥年)

二月 改建江南林家庄、龙泉庄、徐家渡行宫,添建陶庄河神庙行宫。

四月 铺盖西安门外三官庙大殿及配殿、耳房等。

乾隆四十七年(1782,壬寅年)

九月 改建文渊阁。

乾隆四十八年(1783,癸卯年)

六月 体仁阁灾。修建体仁阁。

十二月 建国子监辟雍。

乾隆四十九年(1784,甲辰年)

八月 辟雍工成。

十一月 建江苏扬州府甘泉县行宫。

乾隆五十年(1785,乙巳年)

四月 修寿皇殿、弘仁寺。

五月 重修乾清门、日精门、月华门台帮。重建祈谷殿配殿。

八月 修乾清宫等七十一处。

十二月 修畅春园等处。重修月台具服殿。重修京师都城城隍庙大殿。

乾隆五十一年(1786,丙午年)

四月 修景山永思殿,瀛台,永安寺、阐福寺、蚕坛,积水潭倚虹堂、乐善园,正觉寺等。

五月 修南苑元灵宫、永慕寺、关帝庙、宁佑庙、镇国寺等处。估修盘山、白涧、大新庄、桃花寺、隆福寺等十处行宫。

乾隆五十三年(1788,戊申年)

二月 修理天津行宫。

十月 修广仁宫。

乾隆五十四年(1789,己酉年)

闰五月 修清静地都罡殿。

七月 圆明园安佑宫成。

九月 修太庙。

乾隆五十五年(1790,庚戌年)

十一月 修盛京清宁宫、崇政殿、颐和、迪光等殿宇房间。

乾隆五十六年(1791,辛亥年)

正月 改建王府。

乾隆五十七年(1792,壬子年)

七月 修乾清宫。

乾隆六十年(1795,乙卯年)

十二月 添盖毓庆宫前大殿、养心殿抱厦等工完。

乾隆朝金砖边款铭文选录

- 乾隆二年成造细料二尺二寸金砖 / 江南苏州府知府黄鹤鸣署知事丁士英管造
- 乾隆三年成造细料二尺金砖 / 江南苏州府知府黄鹤鸣署知事照磨朱希哲管造
- 乾隆八年成造二尺细料金砖 / 江南苏州府知府觉罗雅尔哈善署知事宁基丕管造
- 乾隆十五年成造细料二尺金砖 / 江南苏州府知府邵大业知事丁士英管造

■ 乾隆十六年成造细料二尺金砖 / 江南苏州府知府刘慥署知事卢师武管造

■ 乾隆拾玖年成造二尺细料金砖 / 江南苏州府知府赵酉知事丁士英管造

■ 乾隆贰拾贰年成造尺七细料金砖 / 江南苏州府知府萨载知事王增金管造

■ 乾隆贰拾柒年成造贰尺贰寸细料金砖 / 江南苏州府知府李永书知事饶树管造

■ 乾隆叁拾柒年成造细料贰尺金砖 / 江南苏州府知府孔傅炣长洲县典史樊廷诏管造

■ 乾隆肆拾玖年成造细料贰尺贰寸金砖 / 江南苏州府知府胡世铨署知事张允毅照磨萧应辉管造

■ 乾隆伍拾玖年成造细料贰尺金砖 / 江南苏州府知府李廷敬署照磨覃可纪管造

嘉庆朝

嘉庆朝的金砖烧造有四次，分别在嘉庆四年、十一年至十二年、十七年至十八年，以及二十一年。

从嘉庆三年十月二十三日《内务府咨文》《太平峪工程所需金砖等物料银两清单》，嘉庆五年八月十九日《庄亲王绵课等奏折 恭建裕陵圣德神功碑楼所用金砖等估需钱粮数目》《总理工程事务大臣等奏折 办理裕陵圣德神功碑楼所用金砖等物料情形》，以及嘉庆五年九月三十日《户部咨文 为陵寝岁修致内务府》等清廷档案可以知道，嘉庆朝前期，太上皇乾隆驾崩前后，即嘉庆四年（1799）左右，为修缮和建造裕陵等皇陵，较大规模地烧造过一批金砖。而在此之后，有一个大约七年的紧缩期，甚至是歇息期，因为嘉庆七年（1802）时，工部获准，可以收用“缺角缺边”和“惊纹不至通长”的按照以

清仁宗爱新觉罗・颙琰（嘉庆）

往标准属于不合格的金砖：

嘉庆七年准奏，各工需用金砖，原有磨砍分位，应令验收之员，于查收时详细查明，缺角缺边，仅宽一二分以上至八九分，惊纹不至通长者，尚属无碍磨砍分位，仍准其收用。至开销工料银两，其蒲包、草索，并到通州雇夫垫杠等项运费，均在解员名下赔缴。如边角在一寸以外，惊纹至通常者，即照破碎砖块之例，将一切工料、运费等项，一律著落解员赔缴。[44]

直到嘉庆十一年（1806）前后，又再次大规模征解并烧造金砖，因为嘉庆十二年（1807），江苏巡抚汪日章正在为办造金砖而奏请动用耗羡银两：

今据苏州布政使胡克家详称，案奉行准工部咨取二尺二寸金砖一千块，二尺金砖二千块，尺七金砖二千块……[45]

此后，嘉庆十七年（1812），为坛庙等工备用，烧造正砖五千块，副砖一千五百块：

窃照江苏省准部咨取二尺二寸金砖一千块，二尺金砖二千块，一尺七寸金砖二千块……又，二尺二寸三分副砖三百块，需用工料银一百九十一两一钱，并随正解京十正一副金砖一百块，需用稻草包索银八两四钱；又，二尺三分副砖六百块，需用工料银二百两三钱二分八厘，并随正解京十正一副金砖二百块，需用稻草包索银一十四两八钱；又，一尺七寸三分副砖六百块，需用工料银一百六十六两二钱，并随正解京十正一副金砖二百块，需用稻草包索银一十二两四钱。[46]

嘉庆朝的第四次金砖烧造，当在嘉庆二十一年（1816）。这次烧造虽然没能在公文奏折等清宫档案中找到相关明证，但从发现的金砖实物，以及这一阶段紫禁城殿工、圆明园畅春园等工和热河行宫等建筑修造次数的频繁程度来看，可以印证嘉庆朝的这次金砖烧造。

嘉庆朝皇家宫苑、坛庙和陵寝建修大事要览

嘉庆朝（1796—1820）背景

嘉庆帝亲政后，清除和珅集团，整顿吏治，惩处了一批贪官，大力表彰和拔擢清官廉吏，并鼓励直言。嘉庆帝还倡导俭朴之风。然而，他终于无力解决乾隆时期遗留下来的种种问题。嘉庆年间，各级官员怠惰偷安，政务废弛；国家财政收入也日益减少，支出不断增加，财政日益紧张。

嘉庆二年（1797，丁巳年）

十月 乾清宫、交泰殿灾。《清高宗实录》：二十一日晚间火起时，势甚猛烈，坤宁宫前簷已为薰灼所及，幸赖西北风起，而大臣等统率官员、兵役汲水救护，得保无虞。

十一月 修乾清宫、交泰殿、弘德殿、昭仁殿。

嘉庆四年（1799，己未年）

七月 拆寿安宫戏台、春禧殿后扮戏楼改建后卷殿。

嘉庆五年（1800，庚申年）

九月 修瑶亭行宫。重修日坛祭台、神库、牌坊、具服殿等。重修地坛皇祇室、祭台、神库、斋宫、牌楼。

嘉庆七年（1802，壬戌年）

四月 改建四公主府第。重修养心殿、储秀宫、延禧宫及上书房。重修重华宫及建福宫。

嘉庆十二年（1807，丁卯年）

十一月 天坛斋宫灾。《清仁宗实录》：本月十六日天坛斋宫不戒于火，系由薰炕所致……又谕瑚

图礼等奏，天坛斋宫内失火延烧寝宫十间。

嘉庆十三年(1808，戊辰年)

九月 修皇穹宇、皇乾殿。

嘉庆十八年(1813，癸酉年)

十二月 验修热河等处行宫工程。

嘉庆二十年(1815，乙亥年)

六月 养性斋楼座成。

八月 估修奉先殿前后簷月台、丹陛等宫。

十二月 修南苑旧宫后楼等工。

嘉庆二十二年(1817，丁丑年)

七月 修养心殿等八十六处宫殿及库房。

十二月 验修东北行宫等处工竣工程。清漪园嘉荫轩、静宜园中、西宫库房、值房。建畅音阁后台抱厦扮戏楼。建倚春园惠济祠。

嘉庆二十三年(1818，戊寅年)

四月 修西顶广仁宫殿宇房间。查验中正殿、大高殿修竣工程。

十二月 查验三园修竣工程。

嘉庆二十四年(1819，己卯年)

五月 修阅是楼、畅音阁、梵华楼、佛日楼等处。

十一月 查验修竣西华门至北海甸及景山西门外一带铺面官房等工。

十二月 复查修理东北行宫等处修竣工程。

嘉庆朝金砖边款铭文选录

- 嘉庆肆年成造细料贰尺贰寸金砖 / 江南苏州府知府任兆炯知事张虎文管造
- 嘉庆拾壹年成造细料贰尺金砖 / 江南苏州府知府周锷元和县周庄司巡检喻荣疆管造
- 嘉庆拾贰年成造细料贰尺金砖 / 江南苏州府知府瑭瓚知事范树仁管造
- 嘉庆拾柒年成造细料贰尺贰寸见方金砖 / 江南苏州府知府习振翎照磨熊祖源管造
- 嘉庆贰拾壹年成造贰尺贰寸见方金砖 / 江南苏州府知府音德和知事谢良绍管造

道光朝

与道光帝节俭的要求相应，道光朝有案可稽的金砖烧造仅三次，分别在道光二年（1822）、六年（1826）和十一年（1831），而且，前两次的烧造数量不算多：

窃准工部咨文，江苏省应行造办坛庙等工二尺金砖一千五百块，照例由粮船搭运，并将应造副砖一并解交。[47]

接准工部咨文江苏省应行造办万年吉地工程一尺七寸金砖二千三百五十一块，并随带副砖一并委员解交……照例营造三成副砖七百五块……并随正砖解京十正一副金砖二百三十五块……[48]

清宣宗爱新觉罗·旻宁（道光）

窃臣接准工部咨文江苏省办造二尺二寸金砖五百块，二尺金砖三千五百块，一尺七寸金砖二千块，副砖六百块，一并委员解交，以备万年吉地工程应用……又照例应造二尺二寸三成副砖一百五十块……二尺三成副砖一千五十块……一尺七寸三成副砖六百块……[49]

三次共烧造正金砖 9851 块，副金砖 2956 块（其中解京 1319 块）。这些金砖大多用于宫殿苑囿以及坛庙的修缮，陵寝修缮所用似乎很少，除非隆恩殿、月牙城等处的金砖碱酥损坏，才少量替换。

不过，从目前发现的道光朝金砖实物和道光朝后期的建筑岁修的情况来看，道光朝较大规模的金砖烧造应该还有一次，在道光十八年（1838），道光朝有一款金砖的铭文是这样的："道光拾捌年成造细料贰尺贰寸见方金砖 / 江南苏州府知府汪云任照磨段成福管造。"

道光朝皇家宫苑、坛庙和陵寝建修大事要览

道光朝（1821—1850）背景

道光皇帝继位后，随即整饬吏治，但所为有限，且没能持久。官员怠惰疲玩，惟务盘剥，不理政事。道光帝提倡节俭，但所做显然舍本求末，也力不从心，终究难以解决积弊。

道光元年（1821，辛巳年）

三月 修寿康宫花园等处工程。《清内务府档案》：寿康宫花园内临溪亭一座，四面各显三间……以上殿宇、房间、方亭共十四座，计七十六间，游廊两间等各项活计。

四月 修绮春园。《清宣宗实录》：明年释服后，圣母皇太后临幸御园，不可无养志颐和之所，朕再思酌度绮春园在圆明园之左，相距咫尺……著管理圆明园大臣即将绮春园相度修理。

十二月 复查修理黄新庄行宫修竣等工。

道光八年(1828,戊子年)

九月 修宝华峪地宫。《清宣宗实录》:道光八年九月巳酉,谕内阁,宝华峪地宫积水情形,前距敬徵等节次查勘,水痕旋拭旋浸,本日朕复亲临阅视,金券内北面石墙全行湿淋,地面间段积水,细验日前积水痕迹,竟逾宝床而上,再在孝穆皇后梓宫微湿之痕约有二寸,计存水有一尺六七寸之多,与木门以内各券水痕尺寸相同,是必游山泉涌溢,亟须妥为度修治。

十二月 验长春园狮子林殿宇及镜春园房间修竣等工程。《清内务府奏销档》:长春园内狮子林殿宇、楼座、房间共计八十三间……

道光十六年(1836,丙申年)

九月 圆明园三殿灾。《东华续录》:道光十六年九月戊申,圆明园三殿灾。

十一月 圆明园火。《清宣宗实录》:道光十六年十一月庚辰,署陕西巡抚汤金钊为圆明园失火具摺请安,得旨,起火之处在朕寝宫之东南,相去不过数步,实赖天恩垂祐,被毁房屋虽不为少,而朕躬及寝殿获保平安,朕实感天恩于无既矣。

道光十七年(1837,丁酉年)

十二月 查验修竣先蚕坛殿宇等工程。

道光二十五年(18345,乙巳年)

五月 延禧宫火。《清内务府奏销档》:二十二日亥刻初,延禧宫不戒于火,由东西配殿起火,延烧正殿五间,东西配殿六间,后殿五间,东西配殿六间,东水放三间,共烧房二十五间。

道光二十七年(1847,丁未年)

正月 估修乾清门内外月台、丹陛。《清内务府奏销档》:初九日,总管内务府奏,估修理乾清门内外月台、丹陛海墁,银两一万七千四百二十六两六钱四分五厘。

修田村暂安处殿宇。

三月 畅春园河东戏楼楼房灾。《清内务府奏销档》:十一日,总管内务府奏,本月初三日亥刻,畅春园东书房、河东戏楼楼房烧毁上下楼房十八间情形,并审拟园户罪名,奉旨,依议。

道光三十年(1850,庚戌年)

二月 勘修寿安宫。

三月 勘修东华门实录馆。

道光朝金砖边款铭文选录

- 道光贰年成造细料贰尺见方金砖 / 江南苏州府知府额腾伊照磨于书绅管造
- 道光拾壹年成造细料壹尺柒寸见方金砖 / 江南苏州府知府李国瑞照磨傅说岩管造
- 道光拾捌年成造细料贰尺贰寸见方金砖 / 江南苏州府知府汪云任照磨段成福管造

咸丰朝

目前发现的咸丰朝金砖仅一款,时间是咸丰二年(1852):“咸丰贰年成造细料贰尺见方金砖 / 江南苏州府知府钟殿选照磨周存颖管造。”

同治八年（1869）九月初八日江苏巡抚丁日昌的奏折《造办金砖动支正耗羡银两》是这样说的：

窃于咸丰九年间接准部文，行令江苏省造办正副金砖六千块，当经发给工料银二千两。嗣因咸丰十年四月被兵以后，窑屋毁坏，窑户仅存一人，实属无力承办。[50]

这表明，咸丰九年（1859）的时候，工部曾行令江苏省烧造六千金砖，但因为咸丰十年（1860）的战事，砖窑毁损厉害，窑户避难歇工，已经没有能力再烧造金砖了。

咸丰朝十一年间，内忧外患，除了正常的坛庙、陵寝和日常的宫殿修缮，已经基本无力大兴土木了，金砖的烧造，恐怕也就只有咸丰二年（1852）的这一次了。

咸丰朝皇家建筑大事要览

咸丰朝（1851—1861）背景

咸丰帝登基之初，想振兴朝纲，在求贤方面做出了积极的姿态，但在实践上，其开明程度有限。咸丰初期财政形势严重，鸦片走私，白银外流。战争赔款和庞大的军费支出又使国库空虚，财政困窘。

咸丰元年（1851，辛亥年）

四月 热河绥成殿成。

十二月 修黄新庄等四处行宫。

咸丰四年（1854，甲寅年）

二月 修天、地、先农等坛工程。

清文宗爱新觉罗·奕詝（咸丰）

咸丰十年（1860，庚申年）

八月 圆明园灾。《清内务府奏销档》：惊闻二十二日酉刻，夷匪闯入圆明园，奴才闻信之下曷胜愤恨，旋于二十五日，夷匪由圆明园退回，当委即派司员前往探听，随据禀称，园内殿座焚烧数处……先仍派员查访，并园内一切详细情形，统俟查明再行具奏，谨将查出大概情形现行奏闻。《清文宗实录》：咸丰十年八月癸未，澱园火。《东华续录》：咸丰十年八月癸未，澱园火。

咸丰十一年（1861，辛酉年）

四月 清漪园勤政殿等工成。

八月 修长春宫、储秀宫、咸福宫等工程。《清内务府奏销档》：咸丰十一年八月，总管内务府奏勘，长春宫、储秀宫、咸福宫、重华宫后殿……应修工程十一处，奉旨，知道了。

咸丰朝金砖边款铭文选录

- 咸丰贰年成造细料贰尺见方金砖 / 江南苏州府知府钟殿选照磨周存颖管造

同治朝

咸丰九年（1859）曾行令后因兵燹而停止烧造的六千块金砖，在同治六年（1867）、七年（1868）和八年（1869）间再次责令官府和窑户开始分三批烧造。同治八年（1869）丁日昌《造办金砖动支正耗羡银两》的奏折中说：

奏请将前领银两全部豁免，所有应办金砖饬查附近有窑处所，另筹工料，责令设法妥办……所有前年饬办见方二尺二寸金砖一千块，见方二尺金砖三千五百块，见方一尺七寸金砖一千五百块，副砖六百块，先据苏州府选户徐载铨、曹松谷充当首甲，先行认领，分作三股赶办。六、七两年应办两股正副金砖，业经委解在案。今届仍应接办一股，兹据苏州布政使张兆栋详称，据苏州府详委照磨于健督同烧造，计办二尺二寸正金砖三百三十三块，需用工料等三百三十一两零，二尺正金砖一千一百六十六块，需用工料等银六百六十三两零，一尺七寸正金砖五百块，需用工料等银二百三十五两零，通共正砖料工等银一千二百二十九两零，应于安徽、江宁、苏州司库正项内动支。又，照例应选二尺二寸三成副砖一百块，需用工料银六十三两零，并随正解京十正一副金砖三十三块，需用稻草包索银二两零；又，二尺三成副砖三百五十块，需用工料银一百一十六两零，并随正解京十正一副金砖一百十六块，需用稻草包索八两零；又，一尺七寸三成副砖一百五十块，需用工料银四十一两零，并随正解京十正一副金砖五十块，需用稻草包索银三两零。通共副砖料工等银二百三十六两零，应于安徽、江宁、苏州司库耗羡款内动支。[51]

这是同治朝的第一次金砖烧造，正砖六千块，副砖一千八百块（其中六百块随正砖一起送往京城）。

同治朝的第二次金砖烧造在同治十二年（1873）。同治十二年九月初十日江苏巡抚张树声在其《造办补办商船沉失金砖动支正耗羡银两》中这样叙述：

窃于同治十年十一月间接准部文奏，令江苏省造办正副金砖六千六百块，以备各工需用一折……因窑座缺少认定，分作两年造办，并选举首甲取结赶办。详经咨部，所有上半年第一次造

清穆宗爱新觉罗·载淳（同治）

办各砖，先经饬委候补同知朱凤梯管解去后，旋据宝山县详报，聚成顺商船在洋遭风，沉失二尺金砖一百五块……金砖系奉文饬造，未便短缺，自应照数烧造补解……兹查本年应办第二次两股之一，及补办沉失金砖，现据苏州布政使恩锡详据苏州府饬委署知事朱銮督同烧造，计办二尺正金砖二千一百五块，需用料工等银一千一百九十七两零，一尺七寸正金砖一千块，需用料工等银一千六百六十八两零，应于安徽、江宁、苏州司库正项款内动支。又，照例应造二尺三成副砖六百块，需用料工银二百两零，并随正解京十正一副金砖二百块，需用稻草包索银一十四两零；又，一尺七寸三成副砖三百块，需用料工银八十三两零，并随正解京十正一副金砖一百块，需用稻草包索银六两零。[52]

从这份奏折中可知：

1. 当时的不少窑户依然不肯认领来自京师皇家的金砖烧造任务；

2. 这次的六千块金砖是分两批烧造的；

3. 此时的金砖，除随漕粮搭运外，还通过商务海轮送至北京。

同治朝皇家宫苑、坛庙和陵寝建修大事要览

同治朝（1862—1875）背景

同治朝，中国封建经济结构初步解体，家庭手工业与农业在一些地区初步分离，某些手工业部门开始衰落。

同治帝亲政不久，便重修圆明园。同治十三年（1874），同治帝还亲驾视察圆明园工地。后因内

务府大臣勾结太监“木材案”被曝，朝野纷议，被迫停工。

同治元年（1862，壬戌年）

二月 修燕郊四处行宫。

十月 绥成殿成。

同治二年（1863，癸亥年）

七月 修锺郡王、孚郡王、寿禧和硕公主、寿庄和硕公主等府第。

同治三年（1864，甲子年）

七月 奏修明太祖陵。《清穆宗实录》：同治三年七月己酉，谕内阁，江宁前明太祖陵寝本朝每岁春秋致祭……咸丰三年，贼匪窜陷江宁，曾据向荣奏称，明陵享殿被焚……著派曾国荃前往明太祖晓陵致祭。

九月 修山东曲阜县圣庙并各直省文庙。

同治六年（1867，丁卯年）

八月 南海工程。《清穆宗实录》：同治六年八月癸未，又谕，通政使司于凌辰奏，查出南海工程土方丈尺估算浮冒一摺……实需银六万一千余两……著魁龄、文硕据实回奏。

同治七年（1868，戊辰年）

八月 曲阜孔庙工程。

同治八年（1869，己巳年）

六月 武英殿火。《清穆宗实录》：同治八年六月辛酉，谕内阁醇郡王等奏……本月二十日夜间，西华门内武英殿不戒于火，延烧至三十余间。《清内务府奏销档》：同治八年六月二十二日，瑞、存、崇、明奏，本月二十一日子刻，武英殿东库房内失火，至申刻扑灭，延烧宫门五间，前殿五间，东配殿五间、后殿五间、浴德殿正殿六间，东小库房五间、南小库房六间，共计三十七间。

同治九年（1870，庚午年）

二月 长春宫等工成。《清内务府奏销档》：同治九年六月十五日，总管内务府奏，上年修长春宫抱厦活计，并本年续修四角抱厦、游廊一律完竣，及署理坐办堂郎中六库、郎中文锡等报效工料银共三万六千七百两。

九月 圆明园蓬岛瑶台灾。《清内务府奏销档》：同治九年九月十七日，总管内务府奏，圆明园蓬岛瑶台失火治罪情形，奉旨，依议。

闰十月 绥修热河园庭工程。

同治十年（1871，辛未年）

十二月 修武英殿。《清穆宗实录》：同治十年十二月乙丑，谕内阁……武英殿座等前后殿座工程，亟应赶紧兴修，著钦天监于本年交春前选择开工吉期，由阜保等次第督修。

同治十一年（1872，壬申年）

十一月 修隆福寺行宫等工。

同治十二年（1973，癸酉年）

三月 建普陀峪万年吉地工程。

五月 修天坛斋宫暨蚕坛等工。

七月 修养心殿、月华门。

十月 重修圆明园安佑宫。《清穆宗实录》：……惟两宫皇太后保佑朕躬，亲裁大政十有余年，敬劳倍著，而尚无休憩游息之所以承慈欢，朕心实为悚仄，是以谕令总管内务府大臣设法捐修，以备圣慈燕憩，用资颐养，但物力艰难，事宜从俭，安佑宫系供奉列圣御容之所，暨两宫皇太后驻跸之殿宇，并朕办事居住之处，略加修葺，不得过于华靡，其余概毋庸兴修。

同治十三年（1874，甲戌年）

二月 昭仁殿工竣，修毓庆宫、斋宫等工。

七月 修饰长春宫、体元殿暨宁寿宫阅是楼等宫。《清内务府奏销档》：……长春宫门及体元殿正殿、后殿，前后东西配殿四层，各殿夹陇、捉节，内挑地面……此项工程系恭备皇太后万寿大庆，现在赶紧兴修，约于九月中旬即可修竣，拟请先领银四万两，俟修竣时再行呈明核销，禀请前来。修三海。《清穆宗实录》：（圆明园工程）本年开工后，朕曾亲往阅看数次，见工程浩大……即行停止……因念三海近宫掖，殿宇完固，量加修理，工作不至过繁，著该管大臣查勘三海地方，酌度情形，讲如何修葺之处奏请办理，将此谕令中外知之。

十二月 停三海一切工程。《清德宗实录》：朕钦奉两宫皇太后懿旨，所有三海地方一切工程，无论已修、未修，均著即行停止。

同治朝金砖边款铭文选录

■ 同治七年成造细料二尺二寸见方金砖 / 署江南苏州府知府蒯德模照磨于健管造

■ 同治十二年成造细料二尺见方金砖 / 江南苏州府知府李铭皖督造 / 署苏州府知事朱銮监造

光绪朝

从同治朝的大臣奏折中可知，由于金砖烧造的艰难以及战乱等原因，当时窑户不愿认领金砖的烧造任务，因此，工部需要的金砖数量，常常分年分批完成。所以，光绪朝的前几年中，延续同治朝的工部令文，加上普祥峪万年吉地等工程的需求，有较大规模的金砖烧造，这从目前发现的光绪朝金砖铭文中可以得到印证：

光绪二年成造细料二尺二寸见方金砖 / 督造官苏州府知府李铭皖 / 监造官苏州府照磨余临兆

光绪三年成造细料二尺见方金砖 / 督造官调署江南苏州府事常州府知府谭钧培 / 监造官江南苏州府知事贾延晖

光绪十一年（1885）至十四年（1888）间，虽然窑户不愿认领、料工采办艰难，但陵寝、宫殿等要工，金砖的烧造依然在进行。以下清宫档案可以印证：

1. 光绪十二年六月初六日《江苏巡抚卫荣光奏折 造办金砖动支正耗银数》：

窃于光绪十年十二月间，接准部文奏令江苏省造办正副金砖六千六百块全数解部交纳应用一折……因海防正值紧要，需饷甚繁，造办金砖料工等项力难兼顾……十一年三月间续准部咨，复奏金砖一项，尤为陵寝暨内廷各工所需，非江省不能烧造，应仍令设法如数运通。即使款项未敷，亦应分批办解……又经咨部援案，分为两年办解，先将光绪十一年造办正副金砖三千八百五十块，饬委候补

清德宗爱新觉罗·载湉（光绪）

知县江锡珪，解部交纳在案。所有十二年应办金砖，兹据署苏州布政使李嘉乐，详据苏州府饬委署照磨杨锡麐督同烧造，核计现办二尺二寸正金砖一千块，需用料工等银九百九十四两，二尺正金砖一千五百块，需用料工等银八百五十三两零，通共正砖料工等银一千八百四十七两零，应于安徽、江宁、苏州司库正项库款内动支。又照例应造二尺二寸三成副砖三百块，需用料工银一百九十一两零，并随正解京十正一副金砖一百块，需用稻草包索银八两零，又二尺三成副砖四百五十块，需用料工银一百五十两零，并随正解京十正一副金砖一百五十块，需用稻草包索银一十一两零，通共副砖料工银三百六十两，应于安徽、江宁、苏州司库耗羡款内动支。[53]

2. 光绪十三年六月二十四日《江苏巡抚崧骏奏折 造办金砖动支正耗银数》：

窃于光绪十二年六月间接准部文奏催江苏省迅将未解金砖饬于本年运到，仍赶紧设法再行烧造正副金砖六千六百块，一并运通交纳一折……因烧造金砖而于春间取土，夏令成坯，入秋棒打结实，交冬装窑煨烧，腊月出窑，次年正月选解。此系历办情形，现在时已秋令，不及取土造坯，请俟上届金砖造成起解后，再行接续造办，于光绪十四年正月间选解起运……

兹据苏州布政使易佩绅，详据苏州府饬委照磨杨锡麐督同烧造，核计现办二尺二寸正金砖一千块，需用料工等银一千六两，二尺正金砖二千五百块，需用料工等银一千四百五十二两，一尺七寸正金砖二千五百块，需用料工等银一千二百六两零，通共正砖料工等银三千六百六十四两零，应于安徽、江宁、苏州司库正项库款内动支。又照例应造二尺二寸三成副砖三百块，需用料工银一百九十一两零，并随正解京十正一副金砖一百块，需用稻草包索银八两零，又二尺三成副砖七百五十块，需用料工银二百五十两零，并随正解京十正一副金砖二百五十块，需用稻草包索银一十八两零，又一尺七寸三成副砖七百五十块,需用料工银二百七两零,并随正解京十正一副金砖二百五十块,需用稻草包索银一十五两零,通共副砖料工等银六百九十一两零,应于安徽、江宁、苏州司库耗羡款内动支。[54]

《清德宗实录》光绪十四年二月壬辰：

光绪十四年二月,壬辰。谕军机大臣等,工部奏,要工需用金砖,请旨严催一折,江苏办金砖欠解甚巨,现在天坛工程暨澄怀堂各殿座工程,需用孔多,上年十月间经该部奏请,饬令该省提前赶解,迄今尚未解到………著崧骏将应解金砖一万二千一百块赶紧委员于二月内运至通州,赴部交纳。[55]

光绪朝后期,颐和园的修建,陵寝、坛庙和宫殿等工程都需要大量的金砖。光绪朝的第三次大规模金砖烧造当在光绪二十八年(1902)之后,光绪二十八年《奉宸苑工程处片复 为咨行江苏巡抚赶办仪鸾殿及普陀峪工程所用金砖致工部》这样说：

恭修仪鸾殿并福昌殿等座工程,所有各殿内地面共需用二尺见方金砖三千三百八十五块,咨部转饬金砖厂照依尺寸办理,以便领取,而重要工程等因查本部金砖厂现存二尺金砖三千九百余块,前准普陀峪万年吉地工程处片称,所有本工原续估各工应需金砖各数目,前已知照在案……今拟先将厂存发给一半,计二尺金砖一千六百九十二块,先行劄厂发给,以济急需……本工程处饬令各该商等暂行运工,俟有开放之日,知照本苑,传知该商赴厂承领其下欠之数,即由贵部奏明,咨行江苏巡抚赶紧造办,迅速批解。一俟解到,速为行知本苑,以便饬知该商,再为补领。[56]

可见,当时,通州皇家砖厂的金砖数量已经不足,急需“咨行江苏巡抚赶紧造办,迅速批解”。

光绪三十二年(1906)起,民政部接管工部事务。这一年十一月,康熙景陵隆恩殿工程需用二尺二寸金砖1012块,但民政部称,在京砖厂二尺二寸存砖数量已经不多,建议折合取用二尺金砖：

……厂存应备各处要工金砖只有二尺金砖为数尚多，其二尺二寸金砖存数较少。拟在厂存二尺金砖项下，按行取二尺二寸金砖一千零十二块，增加砖数，以资取用。[57]

景陵隆恩殿承修大臣同意了这一折合建议，因此，民政部没有奏请让江苏省苏州府烧造二尺二寸金砖。

光绪三十四年（1908），因砖厂所存金砖数量即将用尽，民政部奏请并饬令江苏巡抚“烧造二尺二寸金砖一千块，二尺金砖三千块，一尺七寸金砖四千块”[58]。由于这批金砖属分年造办，到宣统二年（1910）时，第一批“二尺二寸正副金砖一千一百块，二尺金砖一千六百五十块，一尺七寸金砖二千二百块”，才解到京城砖厂[59]。而这时，恰逢太极殿、体元殿、长春宫大殿原有地面金砖因年久未修，多被地炕熏蒸，崩裂酥碱，正好使用。

光绪朝皇家宫苑、坛庙和陵寝建修大事要览

光绪朝（1876—1908）背景

洋务派在同治光绪年间创办的军事企业有二十一个。光绪年间，银行业、房地产业开始兴起。甲午战争后，维新思潮开始形成。

光绪为迎合慈禧之意，于1885年至1895年间，不顾国库空虚和朝臣力谏，借办海军之名，兴建颐和园，直至中日甲午开战，被迫停工。

光绪元年（1875，乙亥年）

二月 修孝东陵隆恩殿、门等工。《东华续录》：光绪二月甲戌，孝东岭隆恩殿、门工程派黄倬等敬谨承修。定双山峪为惠陵；定惠陵规制。《清德宗实录》：光绪元年二月庚寅，敬谨相度大行皇帝山陵，醇亲王等前往履勘……东陵之双山峪地势宽平，系属上吉之地等语，双山峪著定为惠陵，即行择吉兴工，著派醇亲王魁龄、荣禄、翁同和敬谨办理。《清德宗实录》：光绪元年二月乙未，醇亲王等奏请恭修惠陵规制，奉慈安、慈禧皇太后懿旨，著照定陵规制，图留中。

四月 惠陵兴工。

光绪二年（1876，丙子年）

三月 修盛京凤凰楼。

四月 修修密云白龙潭殿宇、碑亭。

五月 修禹陵。

光绪三年（1877，丁丑年）

五月 修孝东陵隆恩殿。《清德宗实录》：光绪三年五月甲戌，派吏部右侍郎徐桐，兵部右侍郎乌拉喜崇恭办孝东岭隆恩殿工程。《东华续录》：光绪三年五月甲戌，修孝东岭隆恩殿。

七月 修盛京大政楼。

光绪四年（1878，戊寅年）

正月 改造热河避暑山庄内绥成殿。

光绪七年（1881，辛巳年）

十二月 江苏长洲元和县大成殿灾。《清德宗实录》：光绪七年十二月丁卯，江苏巡抚布政使谭钧培奏，长洲元和县学大成殿失火，现饬赶紧修复，以崇祀典。报闻。

光绪八年(1882,壬午年)

二月 修江苏长洲元和县文庙。

三月 大公主府第成。《清内务府奏销档》:光绪八年三月十九日,总管内务府奏闻,大公主府第已一律修理整齐。

光绪十年(1884,甲申年)

十二月 谕修福陵、昭陵。《清德宗实录》:光绪十年十二庚寅,谕内阁,庆裕等奏,查勘福陵、昭陵等处应修各工,请择吉兴修一摺,著钦天监于明年二、三月内选择吉期先行知照,即著盛京将军会同工部侍郎届期敬谨兴修。《光绪会典事例》九六〇《盛京工部陵寝修建》:光绪十年,修理福陵隆恩殿三间。

光绪十一年(1885,乙酉年)

五月 南、北海工程。《清德宗实录》:光绪十一年五月丁未,钦奉慈禧皇太后懿旨,南、北海应修工程,著御前大臣、军机大臣、奉宸苑,会同醇亲王奕𫍽踏勘修饰,所有一切事宜随时查明具奏。

八月 停北海应修各工。《清德宗实录》:光绪十一年八月丁丑,谕内阁,本年广东、广西被水成灾……兹复据陈士杰奏称,伏汛盛涨,山东历城、章邱等处,灾区甚广,查明被灾人口有三十余万之多。此项灾民,除由陈士杰筹款抚恤外,著将本年北海应修工程暂行停修,即由此项工程银内拨发给山东银五万两,俾资接济。

十二月 修三海。《清德宗实录》:光绪十一年十二月丙子,又谕,奉懿旨,三海工程要紧,现在放款不敷,著粤海关监督设法筹款一百万两。

光绪十三年(1887,丁亥年)

正月 修永福寺及行宫。

二月 修黄新庄等处行宫。

三月 永陵、福陵、昭陵等处工程。慕陵工竣。

四月 勘修宁寿宫各工。《清内务府奏销档》:光绪十三年四月初十日总管内务府谨奏,为约估需工钱粮恭摺奏闻事……谨将勘估宁寿宫殿宇、房间、游廊、亭座、墙垣、海墁、甬路等工钱粮数目清单呈览……以上共拆盖殿宇楼房三十七间,抱厦七间……除行取琉璃颜料通共约估工料实银五十四万六千余两。

光绪十四年(1888,戊子年)

二月 修西苑殿宇及万寿山大报恩寺。《清德宗实录》:光绪十四年二月癸未朔,谕内阁……因念西苑密迩宫庭,圣祖仁皇帝曾经驻跸,殿宇尚多完整,稍加修葺,可养心怡神。改清漪园为颐和园,修葺殿宇。《清德宗实录》:光绪十四年二月癸未朔,谕内阁……其清漪园旧名,谨拟改为颐和园,殿宇一亦量加葺治,以备慈舆临幸。光绪《会典事例》一一七二《内务府官制颐和园》:光绪十四年谕,清漪园旧殿,谨拟改为颐和园。修天坛及澄怀堂。《清德宗实录》:光绪十四年二月壬辰,谕军机大臣等,工部奏,要工需用金砖……现在天坛工程暨澄怀堂各殿座工程,需用孔多。勘修福陵、昭陵。

十二月 贞度门、太和门、昭德门灾。《清德宗实录》:光绪十四年十二月甲午,谕内阁,本年十五夜间,贞度门不戒于火,延烧太和门及库房等处。停颐和园工。《清德宗实录》:光绪十四年十二月丁酉,钦奉慈禧端佑康颐昭豫庄诚皇太后懿旨,本月十六日,贞度门不戒于火……所有颐和园工程除佛宇暨正路殿座外,其余工作一律停工止。

光绪十五年(1889,己丑年)

二月 勘修昌西陵月坛。

三月 勘修太和门。修夕月坛。勘修永陵启运殿。勘修福陵、昭陵。

六月 重修太和门、昭德门、贞度门。《清德宗实录》:光绪十五年六月己卯,派大学士额勒布、礼部尚书李鸿藻城修太和门等处工程。光绪《会典事例》卷六三:光绪十五年,重修太和门、昭德门、贞度门。

七月 修永陵。《清德宗实录》:光绪十五年七月壬子,署盛京将军安定等奏,恭修永陵殿座业已开工,尚有启运殿应行续修之处,自应遵照原案续估办理。下部知之。修昭西陵、孝陵、景陵、裕陵、定陵。天坛祈年殿灾。《清德宗实录》:光绪十五年八月己亥,又谕,本月二十四日,雷雨交作,天坛祈年殿被雷火延烧,经官兵等救护扑灭。

九月 修天坛祈年殿。《清德宗实录》:光绪十五年九月戊申,谕内阁,太常寺奏,请饬兴修要供一摺,天坛祈年殿祀殿攸关,著工部奏明派员敬谨勘估,请旨办理。壬子,命刑部尚书麟书、工部尚书潘祖荫承修天坛祈年殿工程。

光绪十六年(1890,庚寅年)

八月 勘修乾清等九宫。《清内务府奏销档》:光绪十六年八月二十八日,总管内务府奏,恭查内廷各处因夏间大雨兼旬,以致渗漏倾攲,情形甚剧,前经臣等屡勘大致情形,奏明在案……以上各工若一律兴修,不特巨款难筹,即各项夫匠亦难同时并集,并拟将最关紧要之乾清等九处即刻兴修……择于九月初三日申刻开工，一面进匠兴修，一面核实估计，俟估定确数请旨，饬下户部照数开放。修慈宁宫等处。寿皇殿工程。

九月 颐和园工程。《清德宗实录》：光绪十六年九月壬午，谕内阁，御史吴兆泰奏，请节省颐和园工程一摺，颐和园殿座即系从前大报恩延寿寺，为高宗纯皇帝侍奉孝圣宪皇后三次祝嘏之所，殿宇一切均系就有……以是将原有工程量加修葺，恭备慈舆临幸，并拟于大庆之年，敬踵乾隆年间成宪，躬率群臣同伸祝悃……并非创兴土木，自侈游观，光绪十四年二月降旨甚明。勘修重华宫及两旁殿宇。

十二月 修理养心殿、体顺堂、燕禧堂。

光绪十七年（1891，辛卯年）

四月 修大政殿朝房及东西音乐楼。颐和园工程。《清德宗实录》：光绪十七年四月癸丑，谕内阁，前经降旨修葺颐和园……现在工程将次就竣……钦奉慈谕，四月二十八日幸颐和园，是日驻跸，越日还宫。修寿皇殿。太和门工程。修重华宫等处工程。

六月 修宁寿宫。

七月 修上书房、南薰殿等处。

九月 盛京福陵隆恩楼合龙。估修各陵寝要工。

光绪十九年（1893，癸巳年）

三月 谕修盛京大政楼。

七月 修永陵、昭陵并大政楼。

八月 内廷保养修护。《清内务府奏销档》：总管内务府谨奏，为所有城秀储秀宫等处殿宇工程……共用工料十成实银五万二千二百四十六两五钱。

九月 修储秀宫等处殿宇。

光绪二十年(1894,甲午年)

五月 热河园内殿宇及狮子园外庙宇。

八月 诏修历代帝王陵寝。

十一月 修文华殿。

光绪二十一年(1895,乙未年)

四月 盘山行宫失火。

十一月 五台山菩萨顶火。

光绪二十二年(1896,丙申年)

八月 修圆明园。《东华续录》:光绪二十二年八月庚辰,兴修圆明园。

十一月 修咸福宫。

光绪二十三年(1897,丁酉年)

正月 勘估乾清宫、坤宁宫地面工程。《清内务府奏销档》:光绪二十三年正月十三日,总管内务府奏……乾清宫地面,著内务府大臣覆实核实估计,赶紧兴修,并著将坤宁宫地面查勘奏明办理……经臣等一再斟覆,其估需工料十成实银七万一千六百二两,拟请援案饬下度支部,照数给发,以济工用。奉旨,依议。

三月 后三宫月台、丹笔、马道、廊房等工程。《清内务府奏销档》:乾清门后内簷月台一座,通面宽十丈另七尺，进深一丈；月台金砖地面，通长九丈九尺，进深六尺五寸……

六月 修端门大楼。《清德宗实录》：光绪二十三年六月癸亥，拍户部右侍郎溥良，礼部尚书怀塔布城修端门大楼工程。

七月 修体元殿、永寿宫、乾清宫、养心殿、毓庆宫、钟粹宫。《清内务府奏销档》：臣等恭查，体元殿、永寿宫、乾清宫、养心殿、毓庆宫、钟粹宫殿宇各项工程……共需十成实银二十八万两三千五百二十七两六钱六分七厘五毫。

八月 查估太庙前后殿。查勘燕郊、白涧、桃花寺、隆福寺行宫。福陵隆恩殿告竣。勘估东陵。

十一月 修颐和园工竣。修理咸福宫。《清内务府奏销档》：光绪二十三年，总管内务府奏，修理咸福宫殿宇等处要工，估需实银二十三万七千八百二十五万两。

光绪二十四年（1898，戊戌年）

闰三月 修南苑三宫。《清德宗实录》：光绪二十三年闰三月己卯，奉宸苑奏，南苑三宫等处工程，请拨银四十万两作速兴修，以备秋间阅操。

六月 修夕月台具服殿暨关帝庙。

八月 銮驾内库等工成。

九月 重修曲阜文庙成。

十月 清漪园宝云阁三面转角楼房成。

光绪二十五年（1899，己亥年）

三月 祈年殿成。

八月 勘估热河遂成殿、文津阁。

光绪二十六年(1900,庚子年)

修山西行宫成。

光绪二十七年(1901,辛丑年)

六月 修京城大高殿。

八月 修太庙。

十月 修紫禁城。

十一月 修天坛。

十二月 勘查燕郊等四处行宫。重修大高楼。《清军机处档案》:光绪二十七年,张百熙奏,大高殿等工程摺:大高殿本在禁城之外,洋兵盘踞最久,其伤损情形亦最严重……估修费需银六万一千六百五十一两。

光绪二十八年(1902,壬寅年)

正月 修惠陵。

二月 修历代帝王陵。

三月 修西陵隆恩殿。

四月 修午门楼。《清德宗实录》:光绪二十八年四月丙申,派工部左侍郎松寿勘修午门楼工程。修午门库房及后廊正楼。《清内务府奏销档》:光绪二十八年四月初六日,总管内务府奏,准景运门值班大臣文开看得,午门楼上东厢房穿堂脱落三间,西库房穿堂门三间,后廊七间,共计坍塌库房二十二间，并午门正楼北面二层重檐瓦片脱落一间……查此项工程为跸路经由之所，拟请饬下工部派员踏勘，敬谨修理，奉谕旨，著派工部左侍郎松寿查勘修理。

五月 查勘显佑宫、城隍庙。

八月 修福陵、昭陵。修颐和园。

十一月 修补武英殿。《清德宗实录》:光绪二十八年十一月癸亥，又谕，前派继禄承修武英殿工程，钱粮较巨，著继禄择其工程紧要，方向相宜者先行修补，其余著暂缓兴修。

光绪二十九年(1903，癸卯年)

正月 陵寝要工。《清德宗实录》:光绪二十九年正月丙子，直隶总督袁世凯奏，恭办陵差，请饬部筹拨的款银十五万两。得旨，著户部迅速筹拨。

五月 建昭忠祠，估修城隍庙。

光绪三十年(1904，甲辰年)

五月 热河行宫灾。《清德宗实录》:光绪三十年五月乙酉，以热河行宫失慎，稽查不办，总管英贤等下部议处。热河绥成殿成。

光绪三十二年(1906，丙午年)

正月 北海万善殿灾。《东华续录》:光绪三十二年正月壬申，北海万善殿灾。

光绪三十三年(1907，丁未年)

正月 乾清宫、坤宁宫地面，宫中沟渠各工。《清德宗实录》:光绪三十三年正月戊戌，谕军机大臣等，乾清宫地面，著内务府大臣复实估计，赶紧兴修，并著将坤宁宫地面一并查勘，奏明办理。《内务府奏销档》:光绪三十三年三月十三日总管内务府奏……谨查得乾清宫院内地面砖块酥碱过甚……其丹陛甬道、踏垛石料间有破碎走错,亦拟挑换归安……经臣等一再勘复,共估需工料十成实银七万一千六百二两,拟请援案饬下度支部照数给发以济工用。奉旨,依议。

四月 修太学文庙。

六月 修中正殿。

七月 修太岁殿。

光绪三十四年(1908,戊申年)

十一月 修建监国摄政王府第及南三所谓监国摄政王随时起居休息之所。《清宣统政绩》:光绪三十四年十一月壬寅,修建监国摄政王府第,另于东华门内三所谓监国摄政王起居休息之所各节,著邮传部陈璧等绘估府第工程,其三所工程著内务府大臣迅速修理。修京师孔庙。

十二月 建金龙峪崇陵。《清宣统政绩》:光绪三十四十二月乙丑,谕内阁……西陵之金龙峪谨定为陵,即行择吉兴工,著派载洵、溥伦、载泽、鹿传霖敬谨承修。

光绪朝金砖边款铭文选录

■ 光绪二年成造细料二尺二寸见方金砖 / 督造官苏州府知府李铭皖 / 监造官苏州府照磨余临兆

■ 光绪三年成造细料二尺见方金砖 / 督造官调署江南苏州府事常州府知府谭钧培 / 监造官江南苏州府知事贾延晖

■ 光绪十四年成造细料二尺二寸见方金砖 / 督造官江南苏州府知府魁元 / 监造官苏州府照磨杨锡麐

■ 光绪三十年成造细料二尺见方金砖 / 督造官江南苏州府知府许佑身 / 督造官苏州府知事戴尔恒照磨姚定信

宣统朝

宣统元年（1909）的摄政王府第工程，需用二尺二寸金砖 3462 块，由于砖厂存数不敷取用，民政部不得不又一次奏请烧造。然而，江苏巡抚在接到咨文后回复说，当时，苏州陆墓的具体情况早已是"砖多窑少"，根本没有办法在规定的时间完成烧造任务。鉴于情况属实，民政部再次建议工程承修大臣折合取用金砖，然而，几经往来周折，即使以二尺和尺七金砖折合取用，厂存金砖数还是不够取用。于是，民政部最终只得再次催促江苏巡抚加紧造办，江苏巡抚也承诺"所有烧造金砖，先行赶造一半，准于明春起运"[60]。

不过，这批于宣统元年（1909）奉命烧造的金砖，在宣统二年（1910）解京一半后，另一半，最终没能如期如令运至京城砖厂，而是留在了苏州陆墓。宣统二年（1910）末，由于窑力不济等原因，江苏巡抚程德全致内阁会议政务处，恳请延期[61]。这批恳请延期解运的另一半金砖，烧造完工之时，大清江山已经改朝换代，烧好的金砖就没再运往京城。

苏州末任知府何刚德在他的《话梦集》中有这样的诗句："金砖备贡库储颁，宫庙需材岂等闲。

清废帝爱新觉罗 · 溥仪（宣统）

匠作初成惊国变，可堪流落到人间。”[62]

金砖的命运，也正好应了《易经》“水火既济”卦“初吉终乱”的卦辞。

宣统朝皇家宫苑、坛庙和陵寝建修大事要览

宣统朝（1909—1911）背景

宣统朝财政拮据，国库空虚，支出日绌。

光绪后期起，革命潮流迅猛发展，清朝统治集团中一些开明人士纷纷上奏，要求变更政体，实行立宪。

宣统三年，辛亥革命爆发，宣统帝退位。

宣统元年（1909，己酉年）

正月 修西陵梁格庄行宫正殿。《清宣统政纪》：宣统元年正月甲申，谕军机大臣等，西陵梁格庄行宫正殿恭备大行皇帝梓宫暂安，所有该处工程著派承修崇陵工程大臣迅速查勘修理。甲午，贝勒载洵等奏，谨拟修理西陵梁格庄行宫各处工程办法，绘图开单呈览。得旨，依议行。

二月 崇陵吉工。《清宣统政纪》：宣统元年二月己未，贝勒载洵等奏，崇陵工程遵吉动工，敬取吉土尊藏。报闻。

闰二月 崇陵兴工期。《清宣统政纪》：宣统元年闰二月辛巳朔，谕军机大臣等，钦天监奏，选择崇陵兴工吉期一摺，著于润二月十七日敬谨兴工。

三月 西陵梁格庄行宫工程完竣。《清宣统政纪》：宣统元年三月癸丑，谕军机大臣等，贝勒载洵等奏,查验西陵梁格庄行宫工程完竣,移交该管衙门并奏明钱粮数目。

五月 暂停崇陵工。《清宣统政纪》:宣统元年五月丁卯,贝勒载洵等奏,崇陵工程拟请暂停工作,俟经过暑夏再行奏报开工。报闻。

八月 景陵隆恩殿大工合龙。

宣统二年(1910,庚戌年)

四月 修传心殿。

宣统三年(1911,辛亥年)

闰六月 太极殿、体元殿、长春宫、怡情书史、毓庆宫等工竣。

宣统朝金砖边款铭文选录

■ 宣统三年成造细料二尺二寸见方金砖 / 督造官江南苏州府知府何刚德 / 监造官苏州府前知事戴尔恒照磨厅姚定信

从钦工到清供

溥仪退位,清王朝结束后,金砖也随之失去了其作为皇家专用的铺地物料的功用。

星移斗转,岁月沧桑。明清两朝专供皇宫使用的金砖,晚清和民国期间在苏州园林和江南苏州一带的大户人家中时常可见。狮子林小方亭内,耦园筠廊望月亭中,退思园眠云亭下……苏州、上海以及浙江一带的园林和宅第中,至今依然光明正大的金砖,细细留意,还时而可见——只是,它们已经不是作为铺地材料，也不再是钦工物料，而是作为搁在方桌上的一块台面，一种典雅的文化陈设。

苏州沧浪亭藕花水榭南房中，有十多块金砖，印章铭文有三款：

一是“同治八年造细料二尺见方金砖 / 江南苏州府知府李铭皖照磨于健管造”；

一是“嘉庆四年成造细料二尺二金砖 / 江南苏州知府任兆炯知事张虎文管造”；

一是“光绪十二年成造细料二尺见方金砖 / 督造官江南苏州知府魁元 / 监造宫苏州署苏州府县磨杨锡麈”。

苏州市十梓街 3 号，有一幢“金砖楼”，因为这幢楼的外墙发现有金砖砌成，且数量不少。这幢楼所用的金砖，其侧面的印章铭文有两款：

一是“光绪十五年成造细料二尺二寸见方金砖 / 监造官江南苏州府知府魁元”；

一是“宣统三年成造细料二尺二寸见方金砖 / 督造官江南苏州府知府魁元 / 监造官苏州府照磨杨锡麈”。

这幢楼最早是苏州大学附属第一医院的前身——苏州博习医院的门诊楼。创办于 1883 年（清光绪九年）的苏州博习医院，系美国基督教监理圣公会资助，是中国创办最早的西医医院之一。从楼砖中有“宣统三年”的时间看，这幢楼建造时间至少在 1911 年之后。

晚清朴学大师俞樾在其《九九消夏录》中说，他晚年寓居苏州时，曾将一块别人赠送给他的金砖“镶成一小桌，置于曲园中”。

即便在晚清，金砖在民间的使用并不广泛，一般人难以获得金砖。那么，为什么像沧浪亭等苏州园林、博习医院等民间建筑，以及像由园这样的文人宅第中会出现金砖呢？

改朝换代使得金砖从皇家开始流落民间，而事实上，晚清对金砖的管理渐渐松弛，也有少量的金砖以非常途径散落在皇家以外的建筑中，或作为达官贵人、文人雅士的摆布陈设。苏州十梓街的“金砖楼”和沧浪亭等处的金砖，据推测，很大的可能是从清朝监造金砖的官员手中流出。另外，一般金砖的颜色是青色，而这幢楼的金砖中夹有黄色，说明有次品，或是砖泥中的铁质氧化后泛黄所致。

注：

①《清世祖实录》顺治元年七月条，《清代建筑年表(一)》九页

②《清世祖实录》顺治二年五月条，《清代建筑年表(一)》一一页

③④乾隆《会典则例》卷一二八《工部营缮清吏司物料》，《清代建筑年表(六)》一八七七页

⑤《清世祖实录》顺治十二年正月条，《清代建筑年表(一)》二二页

⑥乾隆《会典则例》卷一二八《工部营缮清吏司物料》，《清代建筑年表(六)》一八八二页

⑦明清档案(未)：顺治十四年正月江宁巡抚张中元揭帖，台湾傅斯年图书馆，转引自丁文父《金砖识录》附图三

⑧乾隆《会典则例》卷一二八《工部营缮清吏司物料》，《清代建筑年表(六)》一八八三页

⑨⑩《清圣祖实录》康熙十八年十二月条，《清代建筑年表(一)》四三页

⑪ 乾隆《会典则例》卷一二八《工部营缮清吏司物料》，《清代建筑年表(六)》一八九三页

⑫ 乾隆《会典则例》卷一二八《工部营缮清吏司物料》，《清代建筑年表(六)》一九〇五页

⑬《清圣祖实录》康熙三十四年二月丁巳条，《清代建筑年表(一)》五三页

⑭《太和殿纪事》卷七,《清代建筑年表(六)》一九一七页

⑮ 乾隆《会典则例》卷一二八《工部营缮清吏司物料》,《清代建筑年表(六)》一八八九页

⑯ 乾隆《会典则例》卷一二八《工部营缮清吏司物料》,《清代建筑年表(六)》一九四六页

⑰ 雍正六年九月十八日《起居注·办解万年吉地木料金砖运价于内库银两支取》,《清宫金砖档案》四六页

⑱⑲ 乾隆《会典则例》卷一二八《工部营缮清吏司物料》,《清代建筑年表(六)》一九五一页

⑳《清世宗实录》雍正八年八月乙卯条,《清代建筑年表(六)》一九四九页

㉑《清世宗实录》雍正九年九月庚寅条,《清代建筑年表(一)》八三页

㉒ 乾隆《会典则例》卷一二六,《清代建筑年表(六)》一九五一页

㉓《清高宗实录》乾隆五十九年六月辛未条,《清代建筑年表(六)》二〇〇三页

㉔《寿康宫奏销黄册》,《清代建筑年表(一)》九九页

㉕ 乾隆《会典则例》卷一二八《工部营缮清吏司物料》,《清代建筑年表(六)》一九三六页

㉖ 乾隆四年六月初九日《江苏巡抚臣张渠烧造金砖维艰请开销副砖价值奏折》,《清宫金砖档案》五四页

㉗ 乾隆四年六月初九日《海望奏折 乾清宫铺墁金砖需用钱粮物料》,《清宫金砖档案》六二页

㉘ 乾隆四年八月二十七日《海望奏折 养心殿铺墁金砖需用钱粮物料》,《清宫金砖档案》六五页

㉙ 乾隆《会典则例》卷一二八《工部营缮清吏司物料》,《清代建筑年表(六)》一九六四页

㉚ 乾隆《会典则例》卷一二八《工部营缮清吏司物料》,《清代建筑年表(六)》一九六五页

㉛ 光绪《会典事例》卷八七六《工部物料》,《清代建筑年表(六)》一九七六页

㉜ 光绪《会典事例》卷八七八《工部物料》,《清代建筑年表(六)》一九七八页

㉝ 乾隆《会典则例》卷一二八《工部营缮清吏司物料》,《清代建筑年表(六)》一九六七页

㉞ 乾隆十五年二月二十八日《两江总督兼苏州巡抚黄廷桂奏折 动支办解圆明园寿皇殿金砖脚价银两》,《清宫金砖档案》六八页

㉟ 乾隆十六年三月初二日《江苏巡抚王师奏折 动支给发所雇民船装送金砖运脚》,《清宫金砖档案》七二页

㊱ 乾隆十六年四月二十四日《江苏巡抚王师奏折 动支办解祈谷坛大享殿金砖运脚》,《清宫金砖档案》七六页

㊲ 乾隆十九年正月二十五日《江苏巡抚庄有恭奏折 办造太和门等处金砖动支耗羡银两》,《清宫金砖档案》八〇页

㊳ 乾隆二十三年五月初九日《江苏巡抚托恩多奏折 起解夕月坛台面金砖脚价动用耗羡银两》,《清宫金砖档案》八二页

㊴ 乾隆三十一年三月十三日《江苏巡抚明德奏折 办解坛庙宫殿及宝泉宝源二局金砖需用水脚动用耗羡银两》,《清宫金砖档案》一〇二页

㊵ 乾隆三十五年四月二十五日《署理江苏巡抚萨载奏折 办解坛庙等工金砖需用水脚动用耗羡银两》,《清宫金砖档案》一〇五页

㊶ 乾隆三十七年五月二十四日《署理江苏巡抚萨载奏折 成造宁寿宫金砖所需用工价动支耗羡银两》,《清宫金砖档案》一一四页

㊷ 乾隆四十九年七月二十七日《江苏巡抚闵鹗元奏折 解运金砖动用耗羡银两》,《清宫金砖档案》一三四页

㊸ 乾隆五十年八月二十八日《江苏巡抚闵鹗元奏折 办解坛庙宫殿工程金砖运费于耗羡银两内支给》,《清宫金砖档案》一三六页

㊹ 光绪《会典事例》卷八七五《工部物料》,《单士元集》第三卷《清代建筑年表(六)》二〇一三页,紫禁城出版社,2009 年 12 月

㊺ 嘉庆十二年六月初十日《江苏巡抚汪日章奏折 办造金砖动用银两》,《清宫金砖档案》一九三页

㊻ 嘉庆十七年十二月初九日《江苏巡抚朱理奏折 办造金砖动用正耗银两》,《清宫金砖档案》一九七页

㊼ 道光二年闰三月十三日《江苏巡抚魏元煜奏折 办造金砖动支正耗银两》,《清宫金砖档案》二二四页

㊽ 道光六年五月十四日《江苏巡抚陶澍奏折 办解金砖动支正耗羡银两》,《清宫金砖档案》二四八页

㊾ 道光十一年五月初九日《江苏巡抚程祖洛奏折 办造金砖动支正耗羡银两》,《清宫金砖档案》二七八页

㊿(51)同治八年九月初八日《江苏巡抚丁日昌奏折 造办金砖动支正耗羡银两》,《清宫金砖档案》四五五～四六〇页

(52) 同治十二年九月初十日《江苏巡抚张树声奏折 造办补办商船沉失金砖动支正耗羡银两》,《清宫金砖档案》四七四页

(53) 光绪十二年六月初六日《江苏巡抚卫荣光奏折 造办金砖动支正耗银数》,《清宫金砖档案》五二一～五二五页

(54) 光绪十三年六月二十四日《江苏巡抚崧骏奏折 造办金砖动支正耗银数》,《清宫金砖档案》五二六～五三〇页

(55)《清德宗实录》光绪十四年二月壬辰条,《单士元集》第三卷《清代建筑年表(六)》二〇三〇页

㊿⑥ 光绪二十八年《奉宸苑工程处片复 为咨行江苏巡抚赶办仪鸾殿及普陀峪工程所用金砖致工部》,《清宫金砖档案》五四一～五四二页

⑤⑦ 光绪三十四年四月十八日《景陵隆恩殿工程承修大臣咨文》,《清宫金砖档案》五七七页

⑤⑧⑤⑨ 宣统二年八月《民政部致内务府片行 为太极殿等工应用金砖请出具印领赶厂领取致内务府》,《清宫金砖档案》七九四页

⑥⓪ 参见宣统元年正月至九月间《民政部致邮传部咨文》《民政部致江苏巡抚咨文》《民政部致钦派估修摄政王府第工程大臣咨文》《民政部致钦派估修摄政王府第工程大臣咨覆》等,《清宫金砖档案》六二八～八〇〇页

⑥① 宣统三年正月五日《江苏巡抚程德全咨文》,《清宫金砖档案》八一七页

⑥② 何刚德《话梦录》二〇页,北京古籍出版社,1995 年 5 月

不容草率

不容草率——金砖的管理、挑选和运输

从现存史料看，明清御窑金砖并没有规定每年需要烧造或采办的例制，因而也没有专门的经营和买办机构，而是由朝廷指定工部向相关的各地方官府“用则征解”。征解地唯一处为苏州府，明长洲县 / 清元和县，陆墓镇。

金砖烧造在明代由内务府内官监会同工部议处[①]，工部由营缮司执掌[②]，派烧于南直隶各府，并由巡抚委派府、州、县官员管理[③]。

《明会典》记载：凡遇营建宫殿，苏州窑烧造细料方砖，“内官监开数，工部题行应天、苏、松抚按官均派。应天、池、太、苏、松、常、镇，各委佐贰官，于苏州府地方，立窑募夫，选拨长洲县谙练匠作团造。完日，即委官造官解部”[④]。金砖属“钦工物料”，因此，每当烧造之时，朝廷会派遣钦差大臣，会同工部专员到苏州窑区巡行监察，地方上也有专门的监督官员，这在现存金砖的边款铭文上可以知道，如“委官”“管工官”“督造官”和“监造官”等。

金砖的挑选

出窑后的金砖，要经过精心的挑选，缺角的、破残的、颜色不正的、声音异常的，都要剔除。“或三五选一，或数十而选一，必面背四旁，色尽纯白，无燥纹，无坠角，叩之声震而清者，乃为入格。”[⑤]一些造办金砖官员的奏折也有记载：“金砖关系钦工物料，必须颜色纯青，声音响亮，端正完全，毫无斑驳者，方可起解。”[⑥]“宫殿工程需用金砖，理宜敬谨烧造，不容稍有草率”，“务须坚实细致”[⑦]。光绪本《钦定大清会典事例》明确规定：“缺角缺边，谨宽一、二分以至八、九分，惊纹不至通长者，尚属无碍磨砍分位，仍准其收用”；“如边角缺宽在一寸以外，惊纹至通长者”，即属破碎不堪用[⑧]。

有时，工程紧要，金砖一时来不及烧造，也会稍微降低标准，在往年挑剩下来的副砖中再次挑选。《明会典》有这样的记载：“嘉靖三十七年题准，将先年被选副砖窑户家藏者，首验合式，照例给价取用。”[⑨]

由于当时没有科学的手段和专门的工具对金砖的硬度和密度作测试，验收金砖主要依靠有经验的工匠。一些老工匠只要敲击几下，听听声响，便能基本判断出金砖的强硬程度。工部有时会给发一些“响亮”金砖，供窑户做合格与否的参照标准[⑩]。

另一种验收金砖的方法是将出窑后的金砖敲碎，勘察其断面，看孔眼的多少。如果孔眼过多，且不够规定的重量，就是次品。清朝末年，金砖管理制度开始松懈，金砖的质量有所下降，工部不得不收进一些“哑声砖”[⑪]。

为保证运送至京城的金砖的质量，清朝对负责解运的官员定有严厉的处罚措施。

查《两宫鼎建记》可知，明万历营建两宫时所需的金砖，其标准的基本原则为“坚莹透熟，广狭中度”，而一旦发现有“色红泥粗，不中旧式”的，则“该管理以侵渔重究”[12]。

《清会典》记载，倘若运至北京的金砖被发现不是最精美，或者有破损断裂，甚至不能用，那么，解运的官员就要被罚，通常会夺去一年的俸禄，相关的巡抚、布政使也要被罚去六个月的俸禄。如果发现金砖有缺边、缺角，有惊纹，也要责解运官员赔偿[13]。

金砖的副砖制度

金砖烧造费时费力，成品率又不能保证稳定在较高的水平，而皇家建筑所需的金砖又必须保证有足够的高质量的实际用砖数量，所以，从明代开始，金砖的烧造就有所谓的副砖制度。

副砖制度，就是窑户在烧造皇家要求数量的金砖（即正砖）的同时，须要加造或另造一定数量的备用砖（即副砖）。这一制度的实行，从已知最早的相关文献看，最迟在嘉靖三十七年以前。乾隆年间江苏巡抚张渠的奏折中可知，“金砖成造维艰”，“合式者，往往十不得二，并有全窑无一砖可用者”。至乾隆年间，金砖烧造的成品率依然不高，副砖制度的施行应该和金砖烧造是同步的[14]。

查阅相关资料可知，与正砖相比，副砖的质量会稍次一点，而副砖落选的，则更次一点。但无论副砖还是落选者，与正砖属一窑所出。

副砖应该烧多少，与正砖的比例是怎样的？从清宫金砖档案中可归纳整理出大致的过程。

据乾隆《会典则例》：

顺治十二年又题准，旧例二尺金砖烧造一正二副，尺七金砖烧造一正一副，料价繁费，每副砖十块内应减去七块，准造三块。[15]

所谓旧例，应该是清早年甚至是明代时的副砖烧造数量要求。而顺治十二年，由于金砖烧造的任务和经济耗费的繁重，原来规定的十块副砖可以只造三块。

顺治十五年覆准，金砖各准一正一副开销。[16]

康熙十八年题准，令江宁巡抚动支正项烧造二尺、一尺七寸金砖万五十四块，每正砖十块，准造副砖三。[17]

康熙二十九年题准，令江宁巡抚动支正项银烧造二尺金砖一千四百九十块，一尺七寸金砖千四百五十九块，每正砖十，烧造副砖一。[18]

康熙二十九年开始的所谓"十正一副"制度，在实际的操作中其实一直难以真正施行，因为地方官员常常会以摊派公捐等方式，让窑户按照一正一副的数量来烧造金砖。[19]

乾隆三年，禁止派捐，采办消耗须由地方政府承担，从而使得金砖副砖的费用无从开支。于是，江苏巡抚许容提出请求，要求恢复副砖制度，即尺七及二尺金砖以"一正一副"烧造，二尺二寸金砖以"一正二副"烧造；并建议正砖开销动用地丁钱粮，副砖开销则用"存公银两"。这一请求起初被工部驳回，但后经再次上奏后有所通融，"每造正砖十块，准动存公银两烧造副砖一块"，但是副砖必须与正砖一起送往京城。[20]

乾隆四年，江苏巡抚张渠再次为金砖烧造的艰难而上奏，请求副砖烧造费用的开销问题："二尺二寸金砖准造一正二副，一尺七寸与二尺金砖准造一正一副"，"所造副砖数内除斑驳破损不全者仍行弃毁外，如有尚系纯全之砖，应再加挑选，一体给发运解部收贮"。这个奏折经乾隆朱批和工部密议后，同意按照"十正三副"烧造："乾隆四年覆准，一尺七寸、二尺及二尺二寸金砖均照顺治十二年、康熙十八年正十副三例烧造。"[21]

自此，十正三副，金砖的副砖制度一直沿用至宣统末年。

《苏州府志》载："苏州设窑于江南府制造，金砖大者方二尺二寸，次二尺，次尺有七，每正砖十，备副砖三，由江苏巡抚给帑委员监造输部，部选收其精良者以备用。"[22]

《钦定大清会典事例》："苏州窑烧造金砖。顺治十二年修造乾清宫等宫，需用二尺、一尺七寸铺地金砖，部委官至苏州会同巡抚估计，交地方官动支本省解部正杂改折等银造办。又题准，旧例二尺金砖，烧造一正一副，一尺七寸金砖，烧造一正一副，料价繁费，嗣后每副砖十块内，减去七块，止造三块。十五年覆准，金砖各按一正一副开销。康熙十八年题准，令江宁巡抚动支正项，烧造二尺、一尺七寸金砖，万五十四块，每正砖十，烧造副砖三。二十七年题准，令江宁巡抚动支正项，烧造二尺金砖千四百九十块，一尺七寸金砖千一百五十九块，每正砖十，烧造副砖一。雍正三年题准，令江宁巡抚动支正项，烧造一尺七寸金砖万块。乾隆四年覆准，一尺七寸、二尺及二尺二寸金砖，均照顺治十二年，康熙十八年正十副三例烧造。"[23]

金砖的运输

金砖依赖运河输送到北京。

运河在元代已有大段的损坏,或被淤塞,因而不能全程通航。明初,运河的运输体系不能有效地发挥其作用。江南地区运往北方的粮食,通常依靠海陆兼运的制度。永乐登基之后,决定迁都北京,就开始修复大运河,将其恢复为南粮北运的主要且有效的运输路线。运河北段的疏浚于 1411 年 7 月开始,整整四年后,南段工程也于 1415 年 7 月正式开放。于是,运河全线贯通,能从长江下游流域直通北京,从此成为明清两代南北商业和运输的主要动脉。

金砖的北运,依靠的就是这条大动脉。明末西方传教士利玛窦曾亲眼目睹运河运输时的情景 :“从水路进北京城或者出北京都要通过运河,运河是为运送货物的船只进入北京而建造的。他们说有上万条船从事这种商业,它们全都来自江西、浙江、南京、湖广和山东五省。这几个省每年都向皇帝进贡大米和谷物,其他十个省则以银子上税。除去这些进贡的船只外,还有更大量的船都属于各级官吏们,来往不绝,再有更多的船从事私人贸易。”㉔ 总之,在明代迁都北京之后,各种来自南方的水果、鱼、米、丝绸、瓷器、漆器,包括金砖等六百多种物品,都在供应皇家的衣食住行和北京的市场。因此,有人说“北京什么也不生产,但什么也不缺”。

挑选出来的金砖,通常要先用黄纸包好,再用稻草或者棉花作垫料,逐块装入草包或木框,外面再用草绳绑好,然后才能装上运送的船只。

明朝营建北京时运送砖瓦,以水路船运为主。通常,在京师工程紧急时雇用专船，而平时则由漕运船只捎带。明朝规定，凡往京船只都要顺带砖瓦。据《大明会典》记载，嘉靖四年以后，屡次有谕，命临清的城砖窑区和苏州的金砖窑区，雇用民船运砖，费用由相关的地方官府支付。[25]

清朝的金砖运输基本与明朝相同。金砖验收包装之后，要送上所谓的"官船"。

官船是指江南的漕运粮船。清代金砖运送的途径之一，也是搭载漕运船只。康熙时就有明确的定例，每年农历正月，苏州府、松江府、常州府、嘉兴府和湖州府等漕运船只北上时，需要捎带规定数目的金砖。

如果京师工程紧急，那就需要雇用民船，甚至商船。而倘若成造的金砖数量很多，漕船和民船也不能满足，则需制作专用的、特殊的官船了。这种官船其实就是专用的木筏，用南方特产的杉木作骨架，柞木作夹杆，并用白藤皮捆绑，再插上黄龙旗。数万块金砖，装上数百条木筏，数百面黄龙旗，朝向京师，行驶在运河中，是多么浩荡的场面。

官船木筏上除装载金砖外，还要带上生漆，生漆盛在猪尿脬中。等金砖运达京师砖厂后，木筏解体，生漆可用来油饰家具；猪尿脬可以做彩画工沥粉的工具，叫"皮子"；杉木在建筑施工时可以做脚手架，或在搭棚时做木料；柞木也是建筑用料，还能做家具；白藤条则可以编成藤桌、藤椅。[26]

金砖的运费

据《明会典》等史料记载，明初，皇家宫殿建设所需的各种物料均通过搭乘民船运送至京城，且工部并没有运费支付。

而对于苏州的细料方砖，则允许雇用船只运解，“雇费于本府该解年例军器鱼课银内支用”[27]。

至清代，“顺治十四年覆准，苏州金砖，水陆运价及杠垫等费，每块给银六钱七分四厘八毫”[28]。

康熙年间，工部明令金砖一律搭民船运送至京，除非工程紧急，并不再支付金砖运费。康熙二十五年时，有过一次“紧急工程”，工部为此破例支付每块金砖雇船的“水脚银”三钱七分，“车脚银”一钱九分二厘四毫，“上岸雇夫赁房垫杠银”一钱一分八厘四毫，“押砖夫银”五厘二毫四丝四忽五微，共计银两六钱八分六厘四丝四忽五微。[29]

由于金砖通过粮船搭解有劳务支出，雍正十一年，工部同意支付每块金砖“运脚银”一分六厘。[30]

乾隆十一年，根据雍正十一年办解一尺七寸金砖的成例，折算出二尺和二尺二寸金砖的“运脚银”分别为二分二厘一毫四丝四忽和二分六厘六毫。[31]

“运脚银”规定遭到地方官员的抵制，难以推行，于是，乾隆二十四年，造办金砖的“运脚银”按照康熙二十五年雇用民船的成例，每块给“上岸雇夫赁房垫杠压砖银”一钱二分三厘六毫四丝四忽五微[32]，并特别说明原“系粮船搭解，并无运价”。工部还有声明，运往北京的金砖如窳裂难以应用，即将运价扣除[33]。不过，这一规定事实上从乾隆以后并没有执行。

乾隆年间，工部对金砖运输的包装费也有规定：“正副金砖需用厂具稻草蒲包草索，计见方二尺二寸正金砖，每块销银九分六厘，副砖每块销银八分四厘；见方二尺整金砖，每块销银八分六厘，副砖每块销银七分四厘；见方一尺七寸正金砖，每块销银七分四厘，副砖每块销银六分二厘。”[34]

金砖的储存

明代初年，北京城的御河可以行船，因此从运河运到京城的金砖，可以直抵地安门外鼓楼前东侧的方砖厂。现在的方砖厂胡同就是因明初方砖厂而命名的。

金砖在明代大多由朝廷雇船差官押运到京师工部，北上至通州、张家湾之后，直接运到方砖厂，存储备用。万历末年，内府逐渐控制方砖厂，工部无从监督：

金砖派烧于苏淞七府，花石采办于徐州等处，以供殿门之用。即一砖一石，所费不赀，彼时当事者□□□为蚤计，兼题数太浮，其失已不可追；及□□□□到京，止凭解官投文本部，而收贮之权听凭诸内监，故径运至鼓楼下之□□、铸钟二厂，有同一掷，部官不得过而问焉。

今查大通桥原系贮砖之所，仍以金砖另堆在内，花石改收近厂，不惟管理便、取用近，即脚价亦省，而内监何恣其需索也。惩前饬后，可复以未来工程擅自题派，而已到之美材坐视消耗耶。[35]

可知，当时金砖主要储存在鼓楼下的铸钟等两厂，由内监把持，后工部即有将方砖并贮于大通桥厂的提议。

北京通州先后有两个金砖厂。明嘉靖七年（1528）前，金砖运到通州后，储存在现在的梨园镇砖厂村的金砖厂，因为那时入京的日用百货、皇家建材，都在张家湾的上码头起卸转运。而嘉靖七年，通州石坝码头建成，金砖运到石坝验收后，就储存在现在的新建村的金砖厂[36]。

石坝砖厂，在北门外稍东，今存墙垣。[37]

有人考证，通州西仓，现今北京红旗机械厂仓库，也曾储藏过金砖。仓库里有宽大的楸木架子，用以存放金砖，架子背后有“大清 × 朝 × 年造”的字样。架子分层，每层有三分之一金砖长度的隔档，每个隔档放一块金砖。站在架子边上察看，对金砖的品相质地一目了然。而且，清代的相关史书还有金砖“随漕船到通一并交兑”和“工部派员至通检选金砖”的记载[38]。

金砖的使用管理

储存在金砖厂的金砖，由工部根据需要和规定，派人到厂再次挑选，然后将选定的金砖经陆路运到施工现场，如紫禁城、帝王陵寝、避暑山庄、圆明园等地。

对运送至京城的金砖的摆放，朝廷有明文规定：“非比临砖可以高堆，只可逐块单立排放。”[39]

对换下来的金砖，朝廷也有严格的管理规定。工部规定，每次紫禁城及其他皇家建筑修补地面时替换下来的旧金砖，都要详细检查其数目和破损程度，要在奏销档内一一说明。京城各处坛庙换下来的金砖，报销之后须送交工部存贮；内廷各处工程中换下的金砖交营造司存贮；清东陵和西陵修缮时换下的金砖，由于路途较远，同时也考虑到运费的增支，不便送京，由工部侍郎在工程验收时查验奏明，造册送审后，交石门、易州两处工部存贮。[40]换下来的旧金砖，通常在以后的工程中用作条砖和普通方砖，少量会用作铸钱局造币时用的翻砂托模。[41]

金砖的尺寸

金砖铭文中所标示的尺寸主要有三种：一尺七寸、二尺和二尺二寸。

这是金砖在铺墁之前、砍磨之后要达到的净砖尺寸。金砖铺墁需要磨砖对缝，对缝又需要严丝整合。因此，砍磨以后、铺墁之前的金砖尺寸，需要一致，需要精确无误。这样，铺墁出来的地面，才可能符合对称工整、端庄美观的视觉要求。

然而，金砖在烧制的过程中，由坯成砖，即出窑后的砖（称糙砖），与砖坯相比，会有一定程度的伸缩率。金砖焙烧后的伸缩率相对稳定，即便由于种种原因，比如土窑结构的个体差异，泥料澄沥摔练的成熟程度、窑匠火候控制的精准把握，以及洇水数量时间的分寸拿捏，等等，每一窑金砖，甚至同一窑金砖，其伸缩率都会略有不同，但同一尺寸的坯模烧制出来的金砖，伸缩程度相差应该不至太大。

金砖铭文中所标示的"一尺七寸""二尺""二尺二寸"，是指出窑后的糙砖的尺寸。考虑到伸缩率，烧成后的糙砖，相比于铭文标示的尺寸，实际尺寸通常会留出些许余地，即会比铭文标示的尺寸加长一些，这在建筑工程中被称为"加荒"。

金砖制作时的加荒，有下面两方面因素的考虑：一是金砖烧制过程中的伸缩率，二是金砖铺墁前需要砍磨至统一的标准尺寸。雍正本《工程做法》卷五十三对金砖砍磨后的净尺寸有规定："二尺金砖，砍净见方一尺九寸；尺七金砖，砍净见方一尺六寸。"[42] 由此可见，铭文表示的金砖尺寸与砍磨后的净砖尺寸通常有一寸左右的加荒。而通常，糙砖的实际尺寸，会比铭文标示的尺寸略大。不过，金砖的烧造，尺寸越大，难度越大，投入的泥料和工艺制作的要求越高，所以，谙熟烧制技艺的窑户，通常不会在金砖铭文标示尺寸之外有太多的加荒，因为过多的加荒只能意味着：其一，烧窑经验不足，技术不过硬；其二，投入多，成本大，有可能使窑户自身入不敷出。

目前发现的保留有完整铭文的金砖，都处于烧制过后但未经砍磨的状态，即都是所谓的“糙砖”。由于皇家建筑铺墁对金砖尺寸要求的严格，也因为御窑匠工对砖坯伸缩率的熟知和掌握，还由于“水火既济，其质千秋”的质地，即便经过数百年的风雨侵蚀，金砖磨损剥落也不至过大，现在实测的古金砖尺寸，应该基本接近于当年的实际尺寸。

无论是根据1956年山东梁山洪武年间沉船中出土骨尺，还是根据嘉靖牙尺，可知，明代一营造尺则约相当于今天公制的32厘米。由此可以推算出，明代金砖铭文所标示的糙砖尺寸，即一尺七寸和二尺，分别相当于今天的54厘米和64厘米。而窑户烧制出的金砖的实际尺寸，会略宽于一尺七寸或二尺，但由于难度和成本，通常不会宽很多。以加宽一寸算，明代古金砖在今天的实测尺寸一般在54–57厘米（通常不会超过57厘米）和64–67厘米（通常不会超过67厘米）。

根据中国历史博物馆藏康熙牙尺，清代一营造尺与明代相同，也相当于今天公制的32厘米。同样，由此可以推算出，清代金砖铭文所标示的糙砖尺寸，即一尺七寸、二尺和二尺二寸，分别相当于今天的54厘米、64厘米和70厘米。窑户烧制出的金砖的实际尺寸，以加宽一寸算，清代古金砖在今天的实测尺寸一般在54–57厘米（通常不会超过57厘米）、64–67厘米（通常不会超过67厘米）和70–73厘米（通常不超过 73 厘米）。

不过乾隆以后，铭文标示为“二尺二寸”的金砖，常常偏大，以至于光绪末年建造慈禧晚年吉地的时候，工部提出了需要二尺四寸的要求，而现存宣统年间由苏州知府何刚德监造的二尺二寸成造金砖，多在 74 厘米左右，有的甚至达到 76 厘米见方。这一方面可能是清末慈禧等皇室人员的好大所致，另一方面也是因为陆墓御窑金砖烧制技术的日趋纯熟，终于可以很好地把握练泥、制坯和焙烧、洇水等制作过程中的火候分寸，成功处理金砖的吸湿性和粘合度问题。

不少人因为没有发现明代金砖铭文中有“二尺二寸”，都认为明朝时金砖只有一尺七寸和二尺两种规格，没有二尺二寸的规格，但据张问之《请增烧造工价疏》，并非如此：“……凡五个月而砖始出。况阔及二尺二寸、一尺七寸，复欲出完全端正、声音清响、色道纯白，故常取一而费四五。”[43]

张问之为嘉靖年间工部郎中，嘉靖初年营造仁寿等宫殿时，奉命于苏州府长洲县陆墓督造金砖，三年造砖五万，见窑民烧造艰辛，以奏疏进言朝廷，并著《造砖图说》。因此，张问之所说应该较为可信：明代时烧造过二尺二寸规格的金砖。

明代是否烧造过二尺二寸的金砖，还有一个实证，那就是明代万历帝陵寝——定陵中玄宫地面铺墁的金砖。定陵金砖的实测尺寸在 67 厘米见方左右，即砍磨之后、铺墁之前的净砖为 67 厘米。根据砍磨后的净砖尺寸通常有一寸左右加荒的工程做法，可以推算出定陵地宫金砖在糙砖时的尺寸应该在 70 厘米左右，而这，正是二尺二寸的规格。可见，至迟在明代嘉靖、万历年间，陆墓御窑曾烧造过二尺二寸的“细料方砖”。

由此可以基本确定，明清御窑金砖均有“一尺七寸”“二尺”和“二尺二寸”三种规格，其成砖的铭文标示尺寸和实际测量尺寸如下：

明清御窑金砖成砖尺寸

铭文标示尺寸	一尺七寸	二尺	二尺二寸
成砖实际尺寸	54–57 厘米	64–67 厘米	70–73 厘米

注：

①《明武宗实录》卷四

②万历本《大明会典》卷一百九十

③《明世宗实录》卷一四三

④ 万历本《大明会典》卷一百九十

⑤《四库全书》总目提要卷八十四，史部四十，政书类存目二，《造砖图说》

⑥《乾隆四年六月初九日江苏巡抚张渠奏折》，《清宫金砖档案》

⑦《乾隆三十七年七月初六署理江苏巡抚萨载奏折》，《清宫金砖档案》

⑧光绪本《钦定大清会典事例》卷八七五

⑨《大明会典》卷一百九十

⑩《乾隆二十六年二月十四日工部致内务府咨文》，《清宫金砖档案》

⑪《宣统元年九月初一日钦派估修监国摄政王府第大臣咨文》，《清宫金砖档案》

⑫《两宫鼎建记》卷中，民国二十六年十二月

⑬《钦定工部则例》卷二十，故宫博物院编，海南出版社，2000

年6月

⑭ 乾隆四年六月初九《烧造金砖维坚请开销副砖价值》,《清宫金砖档案》

⑮《钦定大清例则》卷一百二十八

⑯ ⑰⑲ 康熙本《钦定大清会典》卷一百三十二

⑱ 乾隆本《钦定大清会典则例》卷一百二十八

⑳ 乾隆四年六月初九《烧造金砖维坚请开销副砖价值》,《清宫金砖档案》

㉑ 乾隆本《钦定大清会典则例》卷一百二十八

㉒ 嘉庆本《苏州府志·田赋·采办》

㉓ 光绪本《钦定大清会典事例》卷八百七十五《工部·物材》

㉔《利玛窦中国札记》第四卷第二章,《从南京到北京》,中华书局,2010年4月

㉕ 万历本《大明会典》卷一百九十

㉖ 朴学林《宫廷金砖与青砖的成造及砍磨》,《紫禁城建筑研究与保护》

㉗ 万历本《大明会典》卷一百九十

㉘㉙㉚ 乾隆本《钦定大清会典则例》卷一百二十八

㉛ 乾隆本《钦定大清会典则例》卷一百二十八,光绪本《钦定大清会典事例》卷八七八

㉜ 光绪本《钦定大清会典事例》卷八七八,嘉庆本《钦定工部续增则例》卷七

㉝ 乾隆本《钦定大清会典则例》卷一百二十八

㉞ 光绪本《钦定大清会典事例》卷八七六

㉟《工部厂库须知》卷三,四八二～四八三页。

㊱ 李广成、王文宝《漫话明清御窑金砖》,《砖瓦史话》2005年第

光绪年古金砖

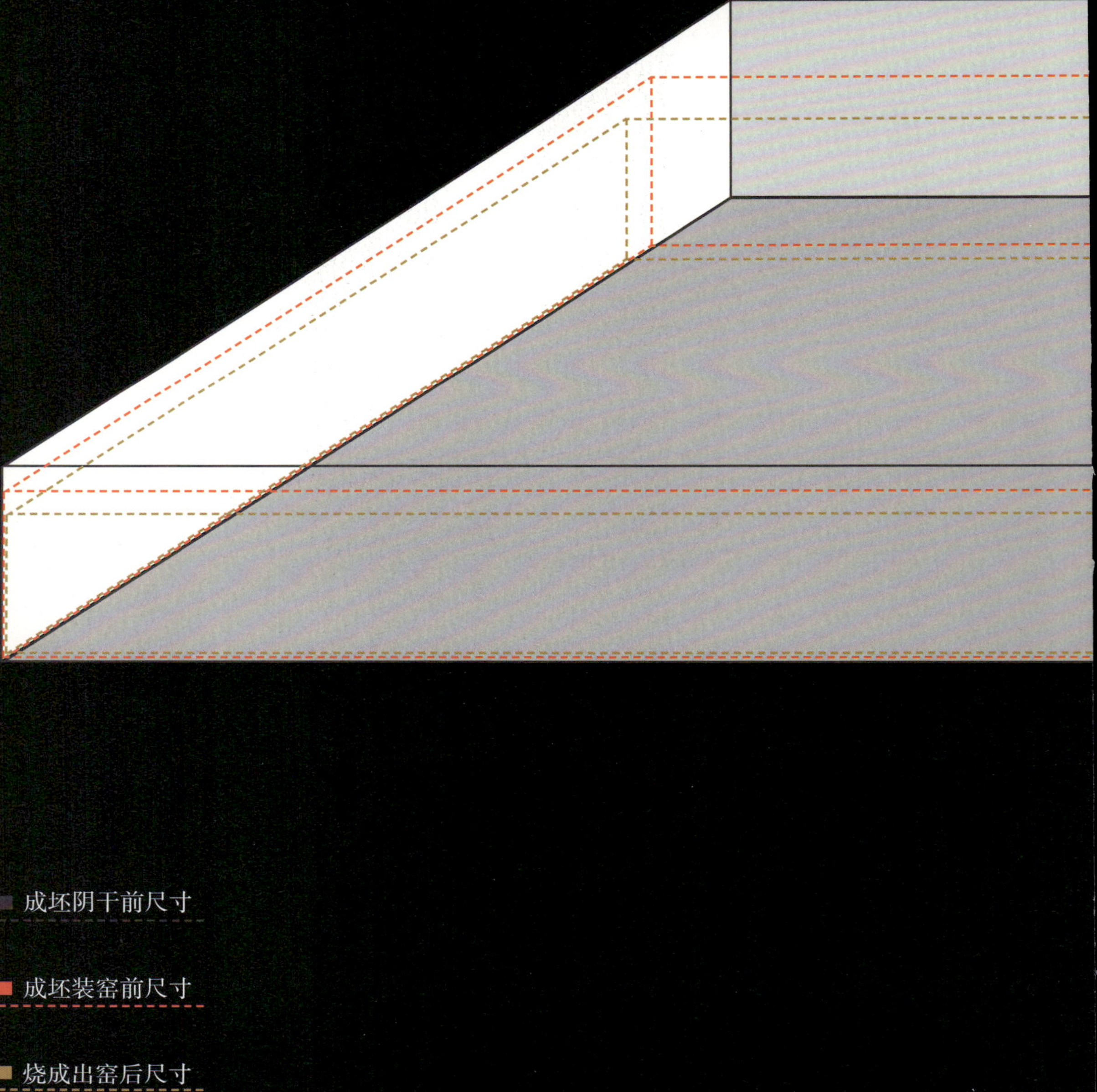
成坯阴干前尺寸
成坯装窑前尺寸
烧成出窑后尺寸

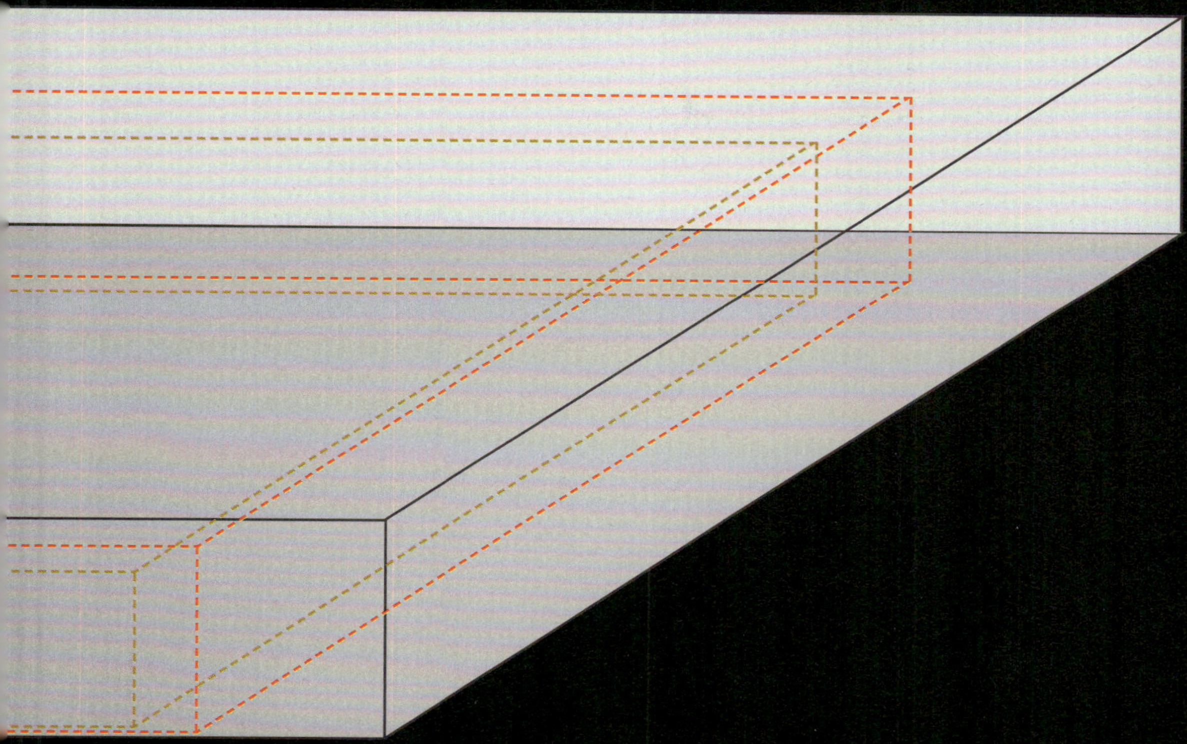

尺寸变化数据	成坯阴干前尺寸 (cm)	成坯装窑前尺寸 (cm)	烧成出窑后尺寸 (cm)
二尺二寸	长 83.5 宽 81 厚 11	长 75 宽 75 厚 10.5	长 74 宽 74 厚 10
二尺	长 74.5 宽 73 厚 9	长 68 宽 68 厚 8.3	长 67 宽 67 厚 8
一尺七寸	长 66 宽 64 厚 9	长 59 宽 59 厚 8.3	长 58 宽 58 厚 8

10期

㊲《古今图书集成·职方典》第十六卷《顺天府部汇考》九,第12页

㊳李广成、王文宝《漫话明清御窑金砖》,《砖瓦史话》2005年第10期

㊴《明清档案:乾隆十七年十一月十日大学士兼理工部史贻直题本》

㊵乾隆五十八年本《钦定工部则例》卷十八

㊶《乾隆五十九年七月初三绵恩等奏折》

㊷雍正本《工程做法》卷五十三

㊸张问之《请增烧造工价疏》,咸丰《庆云县志》卷三艺文志第十,《中国地方志集成·山东府县志辑》第20册,江苏古籍出版社,2004年

陆墓所产

陆墓所产——金砖制作选用的泥料

为何选中陆墓?

明清御窑金砖的唯一烧造地为 :苏州府,陆墓镇。

六百年前,永乐帝决定迁都并营建北京皇家宫殿,在选用皇家宫殿室内铺地用砖的时候,为什么偏偏选中了远在江南苏州的“陆墓制造”的这块细料方砖呢?而且,为什么这块“陆墓制造”的方砖,会成为明清两朝皇家宫殿苑囿室内铺地的唯一指定用砖,且在江南乃至全中国都独此一家、别无分店呢?

永乐四年(1406)闰七月,“文武群臣淇国公丘福等请建北京宫殿,以备巡幸”[①]。于是,永乐皇帝“命泰宁侯陈珪、北京行部侍郎张思恭督军民匠造砖瓦”[②]。于是,永乐皇帝“命工部征天下诸色匠作”,并“选民丁,明年五月俱赴北京听役”[③]。

当时,陈珪和张思恭只想在北京就近烧造,他们选定的窑区是琉璃厂和黑窑厂等处,如果所需砖瓦数量多,近京的这些窑厂来不及烧造,“再派给顺天府及山西、山东有关府州民窑,这样既省时省力,还可以免去转运劳顿之苦”[④]。

然而,皇家宫殿工程的建造过程中,在烧造并选择大殿,尤其是奉天殿(即民间俗称的“金銮殿”,明代后期改名为皇极殿,清代改名为太和殿)等的室内铺地用砖时,遇到了问题 :近京窑厂经过多次尝试而烧造出来的方砖,无论是细密程度、吸湿性能、大小尺寸和外观色泽,都不能令人满意,与精美宽大、富丽堂皇的皇家宫殿也不相匹配。由于皇帝对京城建造特别是皇家宫殿施工的关注,陈珪和张思恭等把南京皇宫的库存方砖和北京琉璃厂及黑窑厂烧造的方砖同时拿出,请永乐帝审定。结果是,相比起来,南京库存的铺地方砖虽然也还显得粗糙,但质量明显高于北京烧造的——而南京皇宫库存的方砖,烧造地正是:直隶,苏州府,陆墓镇。

就这样,永乐帝敕令苏州府地方官并巡抚,永为朝廷督造皇宫大殿室内铺地用砖,苏州陆墓的砖窑成了专为北京皇家烧造高级细料方砖的指定窑户。⑤

土质与烧造中心

明代宫廷的烧造,从永乐至嘉靖,在全国范围内逐渐形成了三大中心,即以琉璃制作为主的京师琉璃厂烧造中心、以城砖制作为主的临清烧造中心和以细料方砖(金砖)制作为主的苏州陆墓烧造中心。

三大中心的形成,与其所在地域的地貌土质关系密切。

明代北京营建城砖的主要烧造地域为北京、天津以及河北山前地带向南,经山东西部、河南东部,越黄河,至安徽、江苏两省的淮河地区,这一地区大部分位于黄淮平原内,属河流地貌所塑冲积平原之中部平原,其沉积物主要是河流冲积物,亦夹带有湖积物、风积物甚至海相堆积物。这些地区地貌类型坡度较缓,河流在此多有分叉,水流速度小,其沉积物颗粒较细。在土壤归类上,多属半水成土之潮土,母质为河流壤质冲积物,适于制坯烧造。

而临清附近,历史上黄河多次泛滥改道,地貌属于掩埋古河道的壤土质冲积平原,属褐土化潮土。由于河流泛滥无定,泛滥过后的河流沉积物(细沙土)便覆盖在当地粘性土壤上,久而久之,便形成了一层沙土一层粘土的叠状结构,沙土色浅白,粘土色赤褐,层层相叠如莲瓣,人称“莲花土”。这种土适合于制作城砖。

烧造金砖的江南土窑

御窑实景手绘图

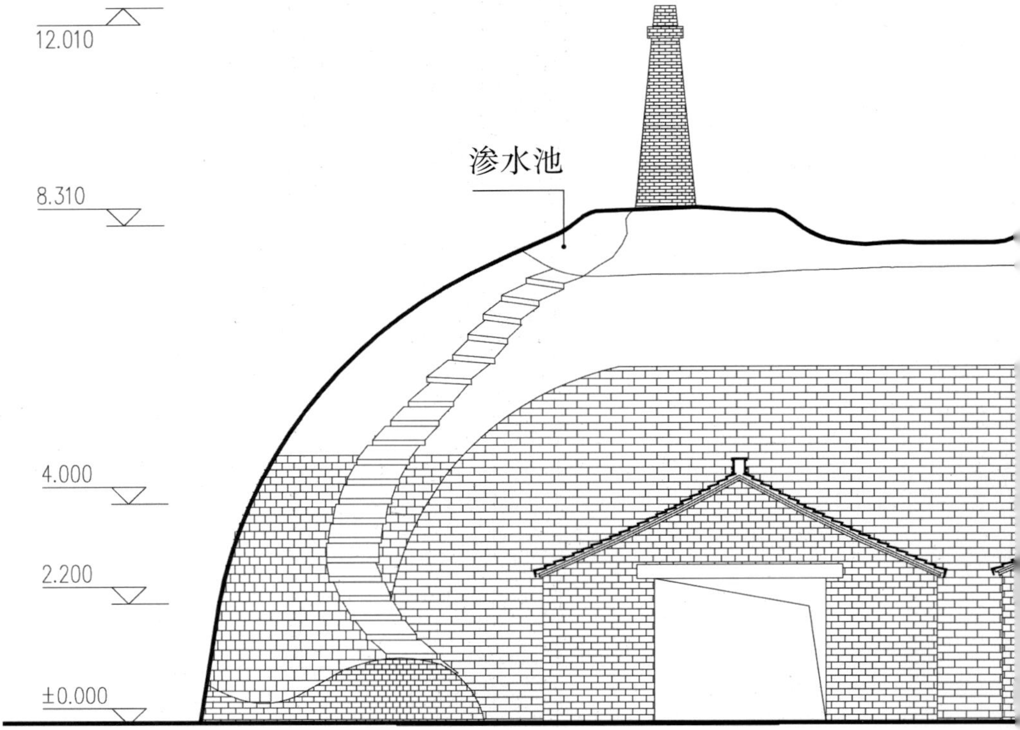
12.010
渗水池
8.310
4.000
2.200
±0.000

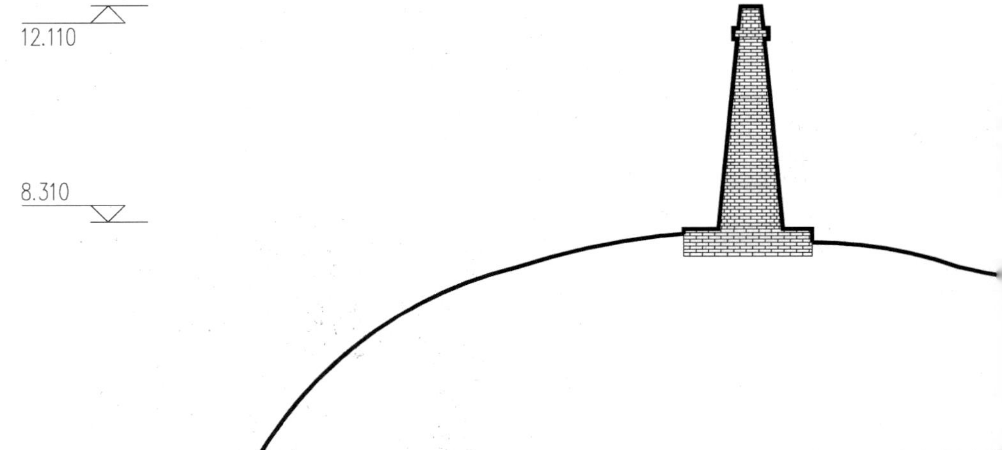
12.110
8.310
2012.08
±0.000

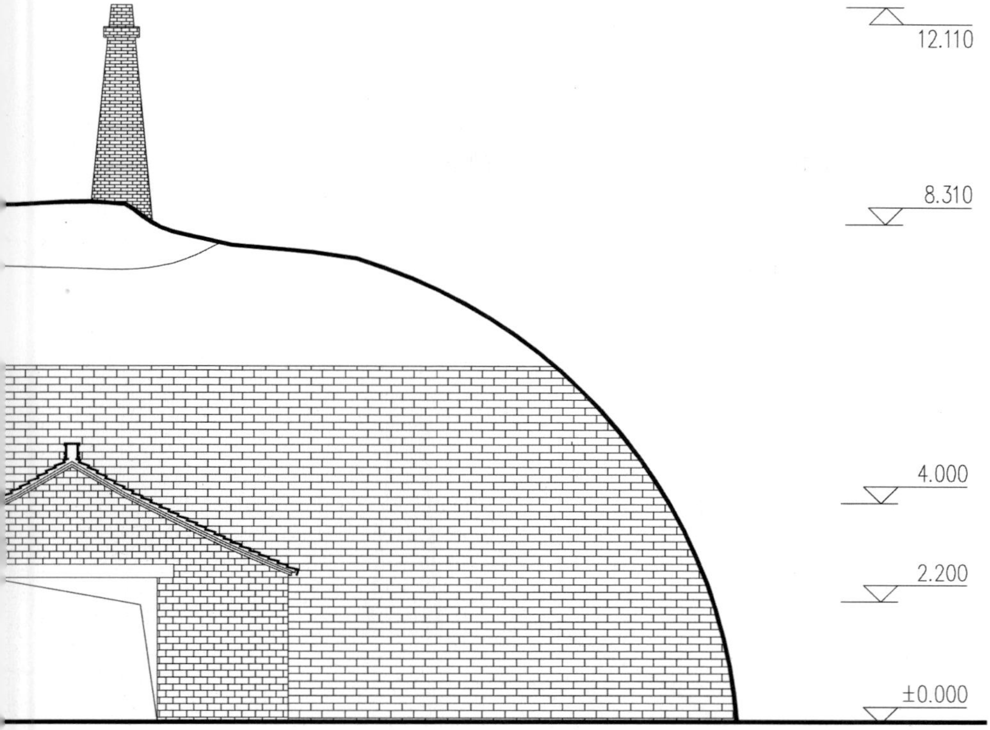

修缮窑址南立面图

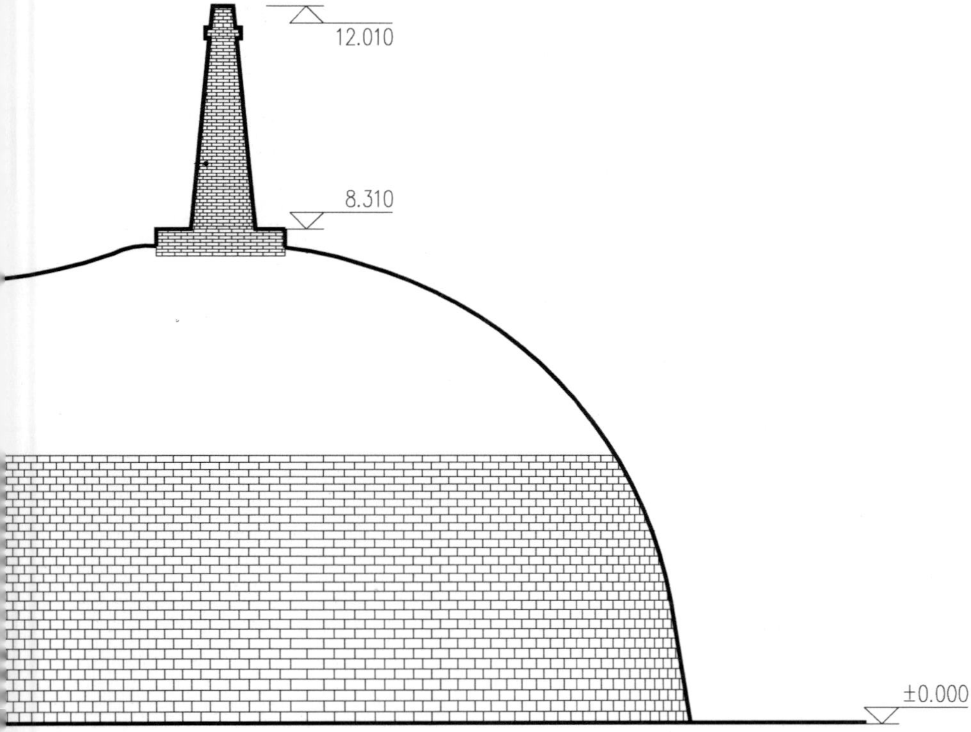

修缮窑址北立面图

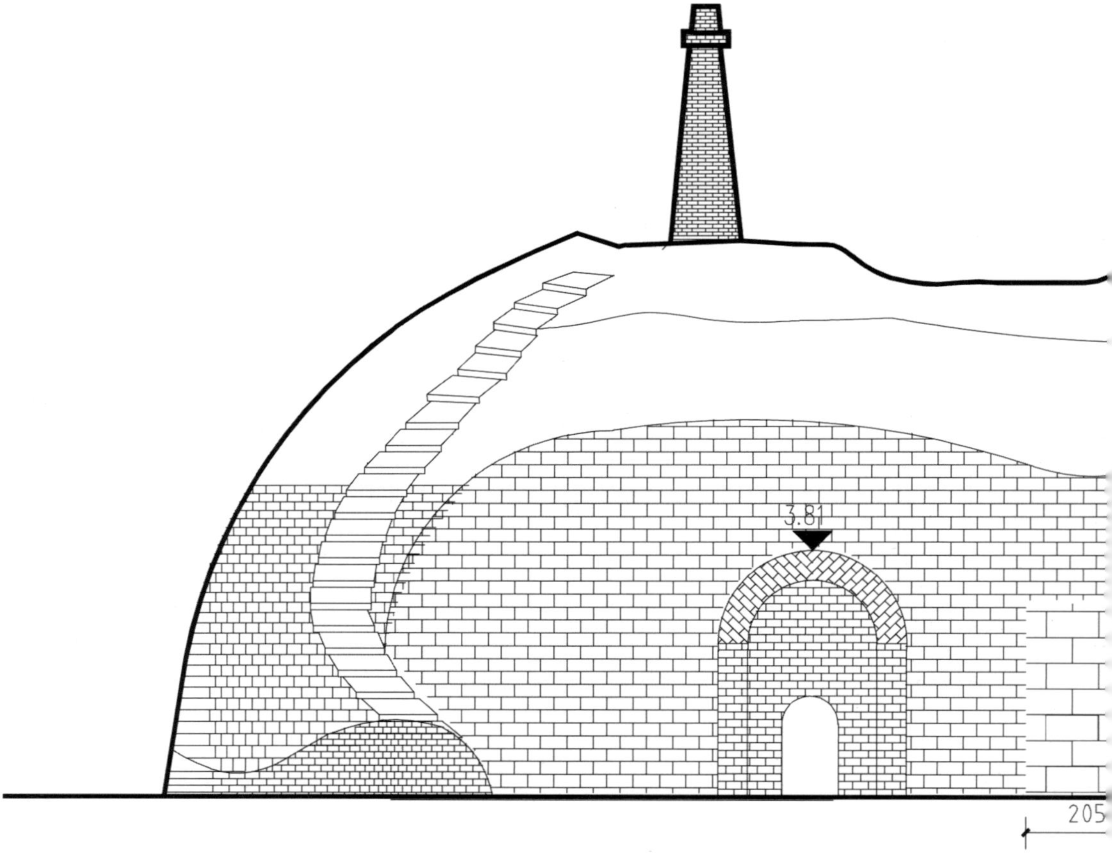
3.81
205

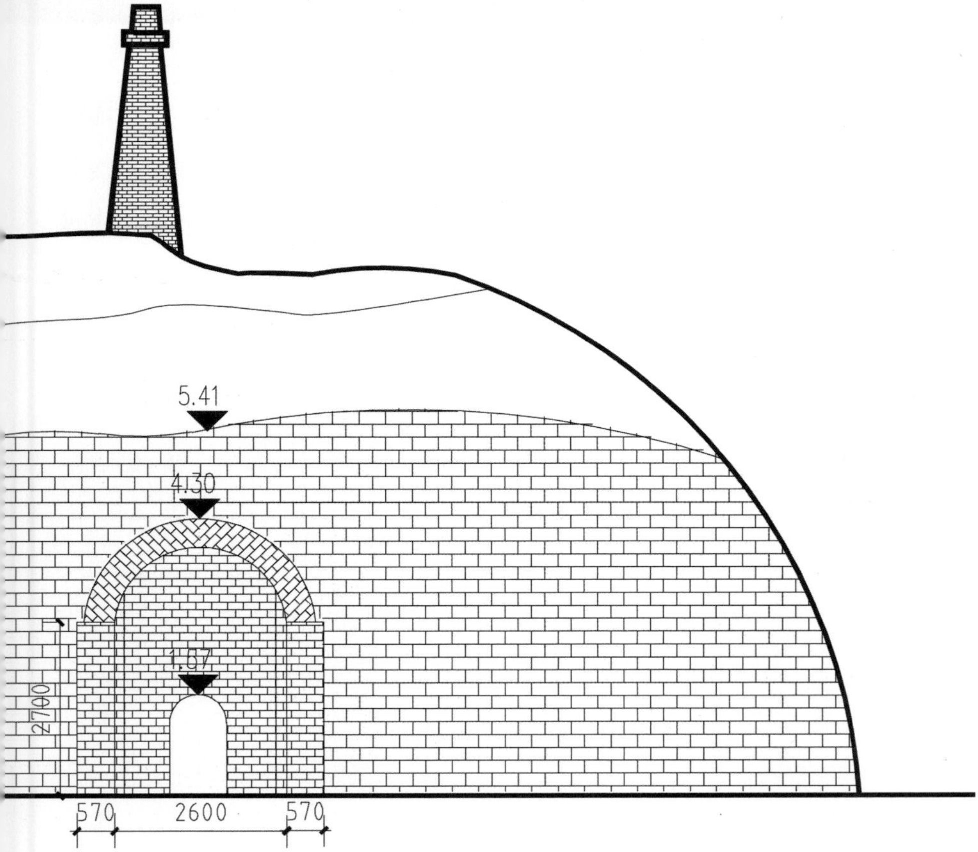

窑体正面图

除苏州以外的南直隶其他地区以及长江中下游的其他地域，如南直隶太平府之当涂、江西饶州府之浮梁，属江南丘陵地貌，红壤，并不合适烧造，而两地丘陵低山地带的白土和高岭土，是适合烧造琉璃和瓷器的重要原料。明初营建南京以及北京初期的营建，即采用太平府所产的白土作为琉璃烧造的原料。后来，在北京城西门头沟等地陆续发现制作琉璃所用的同样的陶土原料，北方称“坩子土”，于是，京师琉璃厂多取土于此，便能够不再“舟行三千里”，远赴太平府取土。

各地特有的地貌土质使得明代皇家建筑的烧造地逐渐趋于集中。而在明代用于铺墁皇家建筑室内地面的被称为细料方砖的金砖烧造，由于苏州古城东北阳澄湖西岸地区特有的土质，集中在今相城区陆墓附近。[⑥]

极品泥料

陆墓在明代属苏州府长洲县，地处阳澄湖西岸。

土壤专家近年对苏州地区和相城区自然土壤的研究分析表明，苏州地区粘壤质普通简育水耕人为土和粉砂粘壤质普通简育水耕人为土分布面积最广，前者集中分布在常熟市、昆山市、吴江市东部地区和太湖周边地区（高新区、平江区、沧浪区、金阊区、吴中区西部及相城区西部一带），后者主要分布于张家港市、太仓市西南部、苏州工业园区、相城区东部、吴中区东部地区。[⑦]

人为土是指母土或母质经过人为耕作熟化成土作用形成的一类土壤。苏州处于长江下游，濒临太湖，属典型湖积、冲积平原地貌，土壤多属人为土中的水稻土。专家认为，这种土由于长期处于水

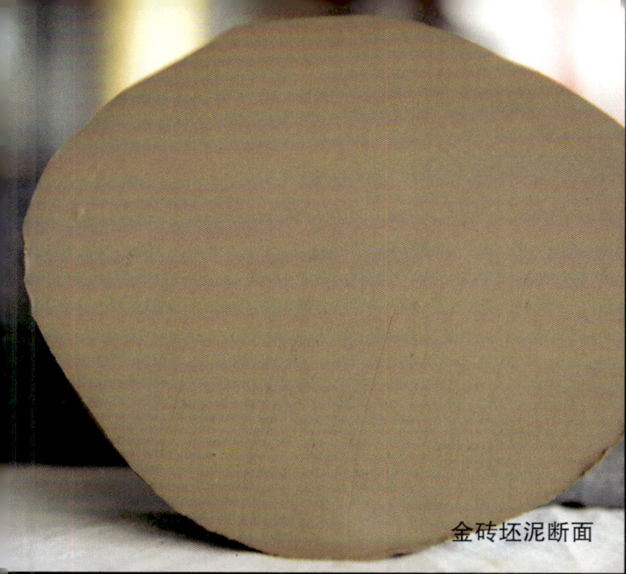

金砖坯泥断面

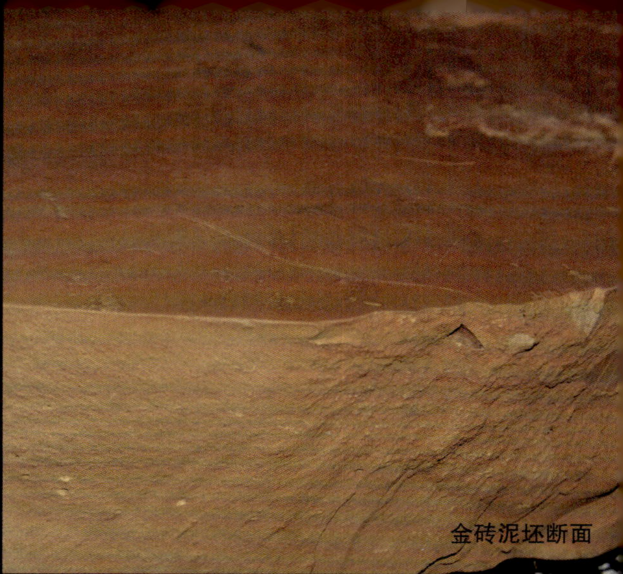

金砖泥坯断面

金砖成砖断面

金砖成砖断面

淹的缺氧状态，土壤中容易有氧化铁沉淀，形成锈斑、锈线，土壤的下层较为粘重，易于胶结，适于制坯，烧结后比较坚实。

陆墓附近的阳澄湖地区，土壤多属湖相沉积土，沙粒、粉粒含量较高，无石灰反应，有铁锈斑和铁锰结核出现，当地称为“湖砂土”，即粉砂粘壤质普通简育水耕人为土。这种土经过二十九道工序烧成的砖，“面背四旁色尽纯白，无燥纹，无坠角，叩之声震而清”，不碱不蚀，坚硬异常。[8]

相城区，尤其是陆墓地区的这种粉砂型的粘质土，最大的特点就是《天工开物》中所说的“粘而不散，粉而不砂”，是这种粉砂型粘质土中的“极品原料”。

需要说明的是，用于制作金砖的这种泥土，不同于淤泥质土。所谓淤泥质土，是在静水和缓慢的流水环境中沉积并含有机质的细粒土，天然含水量大于液限，天然孔隙比大于 1.5。当天然孔隙比小于 1.5 而大于 1.0 时，就称淤泥质土。淤泥质土含水率和有机物含量较高，除水固结后，仍然也不等同于粉砂型粘土，所以并不适合做金砖的原料。

由于制作金砖用的这种“粘而不散，粉而不砂”的“极品原料”的质性特点，加上金砖制作过程中二十九道工序的精密和细致，使得少量没有被选送至京城的、流散民间的金砖，有了一种特殊的用途，那就是：把它当作书法入门的练习砖，特别合适。

明代开始，就有人发现，用毛笔蘸了清水在金砖上写字，和在普通青砖上写字的感觉很不一样。蘸了清水的毛笔在金砖上走动，不过于润滑，也不过于生涩，很像是毛笔蘸了墨之后在宣纸上书写的感觉，而且，清水被金砖吸入之后，还会有跟墨上宣纸时一样的渲染效果。清代有笔记小说记载，乾隆南巡时，听说文征明曾用金砖练字，就让当时的两江总督尹继善从陆墓御窑村取来一块明代万历年间的样品金砖。乾隆试写后，感觉非常满意，又以为用金砖练字，省墨省纸，就传谕带回数百块金砖，让皇子们习字。[⑨]

注：

①②③《明太宗实录》卷五七，永乐四年闰七月壬戌，四八页，《抄本明实录》第三册

④⑤⑨李广成、王文宝《漫话明清御窑金砖》，《砖瓦史话》2005 年第 10 期

⑥王毓蔺《明北京营建物料采办研究》，176-177 页，第二章《烧办持续之时间和地域范围》第二节《烧办所涉之地域》

⑦《城市化对苏州地区土壤多样性的影响》，孙燕瓷、张学雷、陈杰，《应用生态学报》2005 年第 11 期

⑧《四库全书总目提要》卷八十四，史部四十，政书类存目二，《造砖图说》

水火既济

水火既济——金砖的制作工艺

明清御窑金砖，就其质地看，其实是一种高级精致的青砖。在明代，金砖就称“细料方砖”。御窑金砖的制作工艺，基本工序与普通青砖大致相同；但是，金砖制作的精细程度和烧成周期，跟普通青砖却相差悬殊。这种差异让人吃惊，却也正是御窑金砖工艺的价值所在。

普通砖的烧制工艺

中国的砖瓦烧造技术，到宋代就已经相当成熟。北宋李诫在其《营造法式》中，对砖瓦的尺寸、原料、成型、码窑和焙烧等作了较为科学的总结。至明代，普通砖瓦烧造基本定型，工艺主要由制坯和焙烧两大流程组成。

（1）制坯

制坯主要包括晾土沤泥、炼泥摔打、制坯晾坯等工序。宋应星《天工开物》说：

凡埏泥造砖，亦掘地验辨土色，或蓝或白，或红或黄，［闽广多红泥，蓝者名善泥，江浙居多］皆以粘而不散、粉而不沙者为上。汲水滋土，人逐数牛错趾，踏成稠泥，然后填满木匡之中，铁线弓戛平其面，而成坯形。[①]

从中可以知道当时制坯的大致过程，即：

①烧制砖瓦的土以“粘而不散、粉而不沙者为上”；

②选好取土之地以后，将土挖出，再筛选，得到较细之土；

③再将细土晾沤、经冻，然后加水成泥，置于池内，让泥中较粗的沙砾沉淀池底，澄出细泥浆；

④将细泥浆取出，晾晒；再用人或牛在泥中踩踏，直至稠实；

⑤将炼好的泥填入事先做好的砖模木框，用弓弦铁丝将面拉割平整；

⑥砖坯做成之后，还需晾干。

（2）焙烧

晾好的砖坯由专门的装窑匠堆垛进窑后，就开始烧窑。

《天工开物》中这样记载：

凡砖成坯之后，装入窑中，所装百钧则火力一昼夜，二百钧则倍时而足。凡烧砖有柴薪窑，有煤炭窑。而薪者出火成青黑色，用煤者出火成白色。凡柴薪窑，巅上偏侧凿三孔以出烟，火足止薪之候，泥固塞其孔，然后使水转釉。凡火候少一两，则釉色不光，少三两则名嫩火砖，本色杂现，他日经霜冒雪，则立成解散，仍还土质。火候多一两，则砖面有裂纹，多三两，则砖形缩小拆裂，屈曲不伸，击之如碎铁然，不适于用。巧用者以之埋藏土内为墙脚，则亦有砖之用也。凡观火候，从窑门透视内壁，土受火精，形神摇荡，若金银融化之极然，陶长辨之。

凡转釉之法，窑顶作一平田，四围稍弦起，灌水其上。砖瓦百钧用水四十石。水神透入土膜之下，与火意相感而成。水火既济，其质千秋矣。[②]

这是说三百斤普通砖瓦须烧一昼夜，六百斤则须烧上两天两夜。

烧砖的窑分柴窑和煤窑两种，柴窑烧出的砖呈青黑色，而煤窑烧出的砖则呈白色。柴窑的顶部稍侧处有三个用以排烟的孔口，等烧到足够火力的时候，用泥将这三个孔堵住，然后洇水，使砖呈色。

封窑冷却阶段，需要洇水，这也是使得出窑之砖呈青灰色的方法。

金砖制作的工艺

苏州工艺向以精工细作著称，尤其到明清，随着商业的繁荣，百工云集。加上苏州属江南水乡，土质特别，而陆墓一带，据记载自五代以来就因土质殊异而窑烟障天。光绪及宣统年间苏州知府何刚德称："苏州土润工细，迥异寻常陶埴也。"[③]御窑金砖为明清皇家专用，制坯程序之细，烧造技艺之精，用工费力之多，生产周期之长，标准要求之高，加上成品概率之低，使得这种看似与普通青砖无异的细料方砖，工艺精细之极，让人惊诧，以致后世竟有"一两黄金一块砖"的惊叹和赞誉，使它成了名副其实的"金"砖。

《四库全书》存目中明代张问之所撰《造砖图说》提要中这样记载：

其土必取城东北陆墓所产，干黄作金银色者。掘而运，运而晒，晒而椎，椎而舂，舂而磨，磨而筛，凡七转而后得土。复澄以三级之池，滤以三重之罗，筑地以晾之，布瓦以晞之，勒以铁弦，踏以人足，凡六转而后成泥。揉以手，承以托版，砑以石轮，椎以木掌，避风避日，置之阴室，而日日轻筑之。阅八月而后成坯。其入窑也，防骤火激烈，先以穣草薰一月，乃以片柴烧一月，又以棵柴烧一月，又以松枝柴烧四十日，凡百三十日而后窨水出窑。

或三五而选一，或数十而选一。必面背四旁，色尽纯白，无燥纹，无坠角，叩之声震而清者，乃为

筛土

沥浆一

沥浆二

沥浆三

勒泥

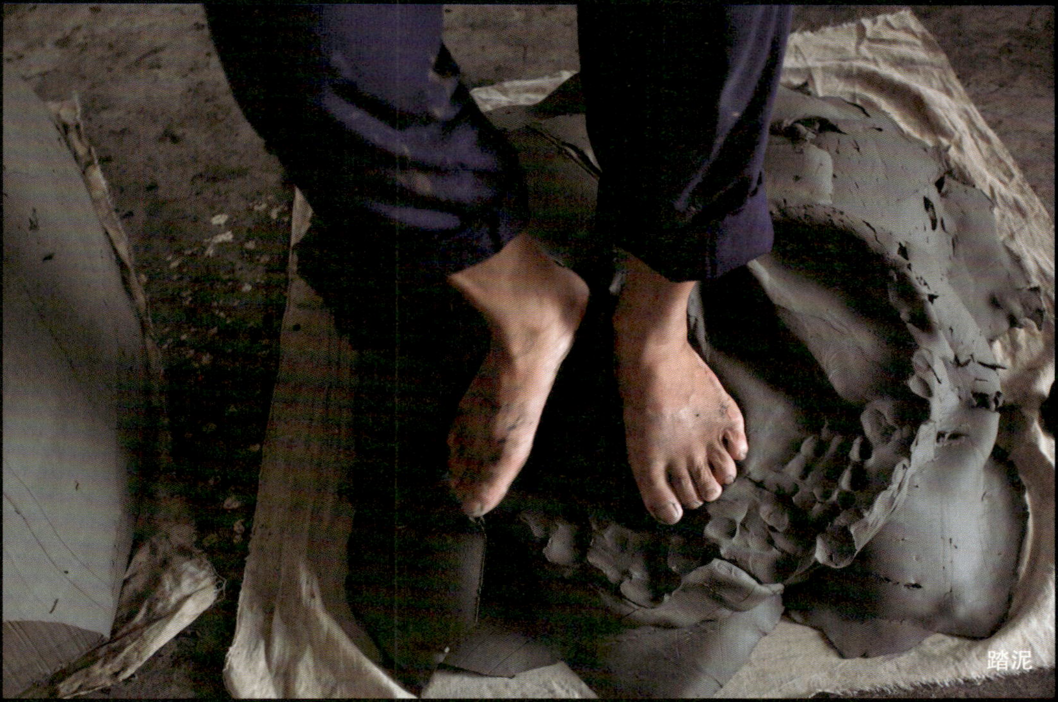

踏泥

揉泥

练就的坯泥球

做坯一

做坯二

做坯三

做坯四

做坯五

做坯六

做坯七

做坯八

做坯九

做坯十

做坯十一

做坯十二

做坯十三

护坯一

护坯二

晾坯一

晾坯二

入格。其费不赀。嘉靖中营建宫殿，问之往督其役。凡需砖五万，而造至三年有余乃成。[4]

张问之在他给嘉靖帝的《请增烧造工价疏》中有更为详细的述说：

以至坯之做也，托之以板，装之以范，以两人共擦之，以石轴碾之，以槌平之端正。日日翻转之，面面椰打之，遮护之，开晾之，凡八个月而始干。其入窑也，修窑有费，垫坯有费。发火也，一月而糠草，二月而片柴，三月而棵柴，又四月十日而枝柴，凡五个月而砖始出。

况阔及二尺二寸、一尺七寸，复欲出完全端正、声音清响、色道纯白，故常取一而费四五。[5]

由此可知，金砖烧造的主要流程有八：

（1）取土

七转而得土。选取苏州城东北陆墓特有的黄色粉沙型粘土，经过掘、运、晒、椎、舂、磨、筛等七道工序的处理，初步去除杂物，并使土块变小变细。

（2）练泥

六转而成泥。在这个过程中，要澄浆沥泥。“复澄以三级之池，滤以三重之罗，筑地以晾之，布瓦以晞之，勒以铁弦，踏以人足”，还要经过澄、滤、晾、晞、勒、踏六道工序，练就可以用来制坯的泥料。

等泥料练到半湿半干时，再进行无数次的翻、捣、摔、揉。这个过程，被称作“醒泥”，目的是要让泥中粘性和砂性达到最融合、最滋润的程度。

练泥是金砖制作的第一大关键工序，也是其与普通砖瓦烧造的主要差别所在。练泥工艺繁复，需持续三个月左右的时间。

取土和练泥的过程中，挖掘地点的选择，取用季候的确定，翻捣摔揉的次数、时间和时机等，都需要由具有丰富经验的工匠来把握；把握不好，就会直接影响到出窑后金砖的质量。

（3）制坯

泥练就后，要装入木制的模具，做成平整的砖坯。“揉以手，承以托版，砑以石轮，椎以木掌”，“托之以板，装之以范，以两人共擦之，以石轴碾之，以槌平之端正”。

制坯，需要将泥用手搓揉，然后盛入托版，俩人合作，一起用石轮碾轧，用木掌棰击，使坯面平整。

（4）阴干

砖坯做成后，需“避风避日，置之阴室”，“日日翻转之，面面梆打之，遮护之，开晾之”，“阅八月而后成坯”。这一被称作“阴干”的过程，需要五至八个月。

存放砖坯的屋室，什么时候需要开窗，什么时候需要关门，也必须由技熟艺精的工匠通过不间断的观察而确定。

（5）装窑

将阴干后的砖坯装窑也大有讲究，砖的堆垛也是一项专门的技术，须有专人指导和有经验的窑工的操作。通常，烧造时，金砖堆叠在窑中间，四周配以其他普通散砖。

（6）烧窑

而将制成的砖坯入窑烧造，还需五个月左右。期间，需要“防骤火激烈”，所以，“先以穅草薰一月，乃以片柴烧一月，又以棵柴烧一月，又以松枝柴烧四十日，凡百三十日”，“五月而砖始出”。即需要用草糠、片柴、棵柴、枝柴等各烧上一个多月，还需要防止火势过于激烈而使砖开裂，也不能让窑室内的温度过低，或熏烧时间不足而烧出发黄的“嫩火砖”来。

因此，焙烧时，火候的控制和把握，柴草加入的时机和数量，是金砖烧制技艺的关键，而这些关键的技术，全凭工匠的烧造经验和一双慧眼。倘若火候少一分，砖就不会呈青灰色；火候少两三分，出窑后就被称为嫩火砖，呈杂色，一经风吹雨打，很快就会松散成土。倘若火候多一二分，砖面上就会出现裂纹；多二三分，烧出的砖就会缩小变形，且多碎裂，不能使用。而烧窑的时候，有陶长时时从窑炉口观察火候，砖土受火力的作用，会出现如同金银融化时一般的形神摇荡的样子。

（7）洇水

经过四个多月的熏烧，然后是洇水冷却。

洇水具体的做法是：在窑顶做出一块田一样的平地，四周略为隆起，以将水灌入其中。通常，三百斤砖瓦需用水四千八百斤。从窑顶慢慢将适量的水渗入窑座之中，遇到高温，水化为蒸气，并与其中的火神意相感，相斥相容。蒸气的压力使得窑温在逐渐下降的情况下，窑座内不会出现负压；而此时，窑座外的空气又不能进入窑座，这使得窑室的还原氛围可以一直持续到砖瓦冷却。于是，砖瓦就有了独特的青灰之色，也有了它足以久持千秋的坚硬质地。

焙烧和洇水是金砖制作工艺的第二大关键。

(8)出窑

通过持续不断的洇水,窑室内的温度逐渐降低。等到完全冷却后,便是金砖烧造的最后一个流程——出窑。

金砖制作从取土练泥、制坯阴干到装窑焙烧、洇水出窑,最少需要一年的时间。张问之在嘉靖年间至陆墓督造的五万块金砖,花了三年之久。清代江苏巡抚张渠关于金砖烧造的奏折也可以印证金砖烧制工艺的繁复精细:

钦工物料,必须颜色纯青、声音响亮、端正完全、毫无斑驳者,方可起解。惟是砖身重大,烧造甚难,做坯必大费人工,出窑更经历岁月。灌水或有未到,火力或有未齐,即质脆色黄,不适于用。其间合式者,往往十不得二,并有全窑无一块可用者。[⑥]

金砖与普通砖的差异

如果将宋应星《天工开物》中有关普通制砖的记载和张问之《造砖图说》提要中有关金砖制作的叙说做比较,更加可以见出金砖工艺与普通砖制作工艺的差异。

普通造砖,虽然也需要掘地、验土和辨色,以所谓"粘而不散、粉而不沙"作为上好土质的选取标准,但普通砖制作并不需要金砖取土过程中的那些筛选和细磨工序,也不需要练泥过程中的那些澄浆和晾干技艺，只需将数头牛赶入土堆，踏成稠泥。可见，“七转而得土，六转而成泥”是金砖制作工艺中最为独特最为精细之处。

普通砖的制坯，只是将“泥入方框中，平板盖面，两人足立其上，研转而坚固之”，并不需要碾轧、棰击，更不需要长达五至八月的阴干。

普通砖的烧窑，“所装百钧则火力一昼夜，二百钧则倍时而足”，三百斤普通砖瓦烧一昼夜，六百斤则须烧上两天两夜。而金砖，“先以穅草薰一月，乃以片柴烧一月，又以棵柴烧一月，又以松枝柴烧四十日，凡百三十日而后窨水出窑”。金砖焙烧的时间之长，令人瞠目。

至于火候和洇水，《天工开物》说，普通砖瓦“凡柴薪窑，巅上偏侧凿三孔以出烟，火足止薪之候，泥固塞其孔，然后使水转釉。凡火候少一两，则釉色不光，少三两则名嫩火砖，本色杂现，他日经霜冒雪，则立成解散，仍还土质。火候多一两，则砖面有裂纹，多三两，则砖形缩小拆裂，屈曲不伸，击之如碎铁然，不适于用”。张问之《造砖图说》现已亡佚，其奏折等相关资料中也没有关于洇水和火候把握的详细资料，但从实际的焙烧经验来看，金砖火候的把握和洇水数量、速度的掌控，虽流程与普通砖瓦烧制基本相同，但其时间拿捏和烧制技术的难度，都要远远高于普通砖瓦。

[附一]

请增烧造工价疏[7]

张问之

工部屯田清吏司郎中臣张问之谨奏，为营建宫殿事。

臣近以营建宫殿，奉敕前来南直隶苏州府等处督造二样细料方砖。伏观敕谕，一则曰“尔宜持廉秉公，着实干办。不许虚应故事，劳民伤财”；二则曰“仍须禁革奸弊，约束下人。勿得科扰，贻患地方”。臣受命以来，夙夜警惕，惟恐事不称职，有负圣谕，于今三年余矣。所幸两次工程俱悉完备，筮在六月初四日发舟解运，复命待罪有日。而一应烧造事宜，积弊相承，良法尽废。其所以伤财劳民而患地方者，请为陛下陈之。

夫难成者，不可以易视；费大者，不可以小成。以今日之砖之略言之。

其土也，必取而运，晒而槌，舂以碓，研以磨，筛以罗，凡七转而后成。其泥也，必池以滤之，由三级之箩，过三级之罗，且池以晾之，瓦以晞之，弓以勒之，脚以踏之，手以揉之，凡六转而后就。

以至坯之做也，托之以板，装之以范，以两人共擦之，以石轴碾之，以槌平之端正。日日翻转之，面面棒打之，遮护之，开晾之，凡八个月始干。

其入窑也，修窑有费，垫坯有废。发火也，一月而糠草，二月而片柴，三月而颗柴，又四月十日而枝柴，凡五个月而砖始出。

况阔及二尺二寸、一尺七寸，复欲出完全端正、声音清响、色道纯白，故常取一而费四五，夫何有好名者出？乃废初法而定为价，然犹可也。以好相承，争相消减，遂至于取民间所用之粗砖，而定为今三钱二分、二钱七分之价。夫民间所用之砖，视此几十百倍，可比而同之耶！

此前日烧造之民，所以产尽人逃，祸及亲邻；而亲邻之祸，又亲邻也。故臣昨烧造命下，而此等之民皆以望风逃去。比臣既至，而亲邻亦莫可跟究矣。其招复之难，处置之难，督责之难，万千难状，何者？工程细密，民贫价减，赔费之繁，有不止于身家十倍百倍之不及也。如苏州一府，烧造之民，止于长洲一县，为家六十有三，其每名分砖不下三百余块。如每块赔钱止于七钱，则每家分外已赔银二百十两有余矣。臣虽今日得借扶按委屈完事，要之不可以为常也。

故臣不揣愚昧，将一应烧造事宜，逐一画图贴说，总叙于后，具本进呈，奉渎睿览。伏望皇上特敕该部从长计处，具拟上请，定为钦价，使永为遵守，官民两便，缓急可凭，国家幸甚，生民幸甚。臣不胜恐惧，属望之至。

[附二]

《造砖图说》提要[8]

《造砖图说》一卷(浙江巡抚采进本)，明张问之撰。

问之，庆云人。嘉靖癸未进士，官至工部郎中。

自明永乐中，始造砖于苏州，责其役于长洲窑户六十三家。砖长二尺二寸，径一尺七寸。其土必取城东北陆墓所产干黄作金银色者，掘而运，运而晒，晒而椎，椎而舂，舂而磨，磨而筛，凡七转而后得土。复澄以三级之池，滤以三重之萝，筑地以晾之，布瓦以晞之，勒以铁弦，踏以人足，凡六转而后成泥。揉以手，承以托版，砑以石轮，椎以木掌，避风避日，置之阴室，而日日轻筑之。阅八月而后成坯。

其入窑也，防骤火激烈，先以糠草熏一月，乃以片柴烧一月，又以棵柴烧一月，又以松枝柴烧四十日，凡百三十日而后窨水出窑。或三五而选一，或数十而选一。必面背四旁，色尽纯白，无燥纹，无坠角，叩之声震而清者，乃为入格。其费不赀。

嘉靖中营建宫殿，问之往督其役。凡需砖五万，而造至三年有余乃成。窑户有不胜其累而自杀者。

乃以采炼烧造之艰，每事绘图贴说，进之于朝，冀以感悟，亦郑侠绘流民意也。其书成于嘉靖甲午，而明之弊政已至于此。盖法度陵夷，民生涂炭，不待至万历之末矣。

[附三]

张问之小传[⑨]

张问之，字子审，嘉靖癸未进士。初授行人，转司副，尝上疏议章圣皇太后。历工部员外，迁郎中，奉命督造苏州府花砖工料，廉以律己，严以御下。工竣历陈烧造艰辛，绘图以进。上嘉之，增定砖价，窑民获安，为立德政碑（见昆山《卢梗记》）。后督建九庙，皆有懋绩，蒙恩赉赏，擢湖广参议。阅三载，转四川按察司副使，整饬威茂等州，简练士马，支缭堠墩，斩龙洞诸羌数百级，扶按移檄，燕凯疏奏，赐金帛以旌其功。告归，年四十八。所著烧砖奏议存入《四库全书》。

金砖制作工序二十九道

根据张问之《请增烧造工价疏》和《造砖图说》四库全书存目提要，整理出御窑金砖制作基本工序二十九道：

一、七转得土

基本工序：掘、运、晒、椎、舂、磨、筛

装窑一

装窑二

装窑三

装窑四

装窑五

装窑六

装窑七

装窑八

金砖烧窑四月燃料：
砻糠、稻柴、木柴、树枝

砖窑膛口

砖窑囱口

煞窑前的砖窑膛口

窑顶

烧窑

窑顶天地口

泗水中的砖窑膛口

窑顶洇水中

祭窑神

出窑一

出窑二

出窑三

刚出窑的金砖

《请增烧造工价疏》:其土也,必取而运,晒而槌,舂以碓,研以磨,筛以萝,凡七转而后成。

《造砖图说》四库提要 :掘而运,运而晒,晒而椎,椎而舂,舂而磨,磨而筛,凡七转而后得土。

工序一　掘　掘取“干黄作金银色”的原土。

工序二　运　运送至窑场。

工序三　晒　堆于露天,任风吹日晒。

工序四　椎　用棒槌敲打泥块。

工序五　舂　用碓舂小土块。

工序六　磨　用磨研碎土块。

工序七　筛　用筛去掉粗土。

二、六转成泥

基本工序 :滤、晾、晞、勒、踏、揉

《请增烧造工价疏》:其泥也,必池以滤之,由三级之箭,过三级之萝,且池以晾之,瓦以晞之,弓以勒之,脚以踏之,手以揉之,凡六转而后就。

《造砖图说》四库提要 :复澄以三级之池,滤以三重之罗,筑地以晾之,布瓦以晞之,勒以铁弦,踏以人足,凡六转而后成泥。

工序八　滤　筑三级水池,用三级网箩过滤细土,即沥浆。

工序九　晾　将沥浆后的泥堆放在池中晾干。

工序十　晞　在地上摆上瓦片，将晾好的泥晒干。

工序十一　勒　用铁制的弓弦勒泥。

工序十二　踏　用脚反复踩踏。

工序十三　揉　用手反复揉踩踏后的泥。

三、八月成坯

基本工序：托、装、擦、碾、槌、翻、筑、遮、晾

《请增烧造工价疏》：以至坯之做也，托之以板，装之以范，以两人共擦之，以石轴碾之，以槌平之端正。日日翻转之，面面棒打之，遮护之，开晾之，凡八个月始干。

《造砖图说》四库提要：揉以手，承以托版，研以石轮，椎以木掌，避风避日，置之阴室，而日日轻筑之。阅八月而后成坯。

工序十四　托　用托板承住练好的泥。

工序十五　装　将泥装进制坯的模子。

工序十六　擦　两人合作一起将泥表面擦平。

工序十七　碾　用石轴碾压泥坯。

工序十八　槌　用木掌敲打砖坯的每个表面，使之平整。

工序十九　翻　每天翻转泥坯。

工序二十　筑　每天轻柔地敲击砖坯。

工序二十一　遮　用遮光物保护砖坯。

工序二十二　晾　适时地开门开窗，使砖坯慢慢晾干。

四、五月焙烧

基本工序：装窑、糠草熏一月、片柴烧一月、棵柴烧一月、松枝烧四十日、窨水、出窑。

《请增烧造工价疏》：发火也，一月而糠草，二月而片柴，三月而颗柴，又四月十日而枝柴，凡五个月而砖始出。

《造砖图说》四库提要：其入窑也，防骤火激烈，先以糠草熏一月，乃以片柴烧一月，又以棵柴烧一月，又以松枝柴烧四十日，凡百三十日而后窨水出窑。

工序二十三　装窑　将阴干后的砖坯堆垛进窑室。

工序二十四　糠草熏一月　用砻糠或柴草熏一个月。

工序二十五　片柴烧一月　用木片类的硬柴烧一个月。

工序二十六　棵柴烧一月　用稻草类的棵柴烧一个月。

工序二十七　松枝烧四十日　用松枝类的枝柴烧四十日。

工序二十八　窨水　将适量的水从窑顶慢慢渗入窑室，使窑温逐渐降低。

工序二十九　出窑。

注：

①②宋应星《天工开物》卷中《陶埏》第七，砖条

③何刚德《话梦集》二十页，北京古籍出版社，1995 年 5 月

④⑧《四库全书总目提要》卷八十四，史部四十，政书类存目二，《造砖图说》

⑤张问之《请增烧造工价疏》，咸丰《庆云县志》艺文志第十

⑥乾隆四年六月初九《江苏巡抚张渠奏折烧造金砖维坚请开销副砖价值》，《清宫金砖档案》五四页

⑦咸丰《庆云县志》，卷三艺文志第十

⑨咸丰《庆云县志》卷二，人物志第七宦迹

扒皮泼墨

扒皮泼墨——金砖的砍磨和铺墁

金砖是为皇宫特制的高质量的细料方砖，它的砍磨和铺墁自然也有相当严格的工艺和质量要求。

金砖的砍磨

金砖的砍磨全部由手工完成。砍磨时有操作台，用砖砌成，是一个不带“舌头”的方形砖墩，高二尺五寸，约 80 厘米，见方一尺六寸，约 51 厘米，行内称“独脚砖桌”。

砍磨金砖有一套专门的工具，行内称“大家伙”，包括斧子（斧棍、卡子、刃子）、扁子、敲手、别子（刨子）、划钎、平板尺、磨头（现用废砂轮）、方尺、包灰尺、制子、钻子、刹刀子等。

工序一：铲面

使用工具：斧子、别子、平板尺

操作方法：

将别子插入官口，两手横握斧子，再将平板尺横担在两只手腕，并使别子紧搭在尺板上（现在多用刨子）。

将砖平放在砖桌上，操作手握工具站立成丁字步姿势，用力向前推铲。等将砖的一个对角铲平后，再将另一个对角铲平，要求平度一致。因此，要将平尺交搭在两个对角处，检测其平度，即“十字尺”。

然后，再将剩余的四边斜方块铲平，仍须用平尺板成八卦形检测，平度要与对角平度一致，称“套八卦尺”。

整块砖全部铲平后，再用磨头通磨数遍，要求转面的平度绝对一致，称“十成面”。

工序二：过肋

使用工具：平尺板、划钎、包灰尺、扁子、敲手、磨头、砖制子

操作方法：

所谓过肋，就是根据设计确定的规格尺寸，将已经铲磨完成的金砖的四周砍去一部分，使之宽度一致，对角尺寸相等。

具体方法为：

1. 过第一肋，即先砍去第一边。

将平尺板平放在砖大面的右侧边内，并用右手按稳，左手持划钎紧贴平板从远至近划出一道痕迹，称“划扁子线”。同时，用包灰尺在砖的两个小面与扁子线相对处划出“包灰线”。然后，左手捏住扁子，并对准扁子线，右手紧攥敲手，将线外之砖打掉，称为“打扁”。最后再用斧子往下砍。

以上工序，行内术语叫做划到哪儿，打到哪儿，打到哪儿，砍到哪儿。意思是砍磨时不得偏离扁子线。当砍至砖厚的二分之一时，即可停止，改用磨头将砖楞、肋搓磨平直。

2. 过第二肋，即砍去第二边。

不同于第一肋用平尺板划扁子线，这一次改为用细竹竿做成的“砖制子”划扁子线。砖制子的

宽度要求与设计确定的墁地用砖的尺寸一致，其使用方法是：左手掐住砖制子端部的突出部分，并紧靠在已过完第一肋的砖楞上，右手捏划钎紧贴砖制子的右端点，然后两手动作一致，划出第二肋的扁子线。这道工序称“捋制”。

完成后即可打扁砍磨，方法与过第一肋相同。在搓磨楞、肋时，传统做法为：左手掐住右手搓（磨），成活后砖的规格以砖制子尺寸为准，宽窄不得有丝毫误差。行内称为不得“涨制”“伤制”，否则视为不合格。由于制子是用竹子制成，坚硬度不够，再加上使用时要与砖、石接触，时有磨损，因此每次开始操作前，须与“官砖”的标准尺寸校对，称为“对制子”，以保证砖制子长度准确无误。

3. 过第三肋，即砍去第三边。

过第三肋时划扁子线的方法与过第一、第二肋时有所不同，必须用准确的 90 度尺（也叫弯尺）。方法是：

将弯尺较短部分（也称拐子）紧靠在已过好的某一肋上，然后用划钎在较长部分（称作尺苗）外口划出扁子线以及包灰线后，即可打扁砍磨，方法与过第一肋相同。

但搓磨后不是用平尺检测，而仍须用方尺检测。方法为：

将方尺的拐子靠在已经过好的第一个和第二个肋，利用尺苗的里口一反一正地校对。行内称“两搭尺”。在确保角度及楞肋平直无误后，方可过最后一肋。

4. 过第四肋，即砍去第四边。

过第四肋的方法与过第二肋相同。

5. 翻转过肋

在将金砖的四个肋的上部二分之一过完以后，须将金砖翻转，使其底面朝上，平放在砖桌上，再将其下部二分之一砍掉。

砍磨完的砖从截面看，上宽下窄，窄小部分称为“包灰”。包灰应略小于 90 度，称为“晃尺”包灰。

为保证砖底楞的整齐及包灰一致，当划底楞的扁子线时也要用平尺板，而且还应对准砖小面上的包灰线，打完扁将肋砍平后可不用再搓磨，但要用磨头将其底楞“倒”角，磨成小圆楞，以免铺墁、搬运时硌手。

至此，一块金砖的砍磨加工才算完工。

工序三：收活

砍磨结束，码放金砖时，须将所砍之砖的面合成对，以检测砖面的平整度及规格尺寸是否一致，称为“盒子面”，收活。如砖面不稳定、有缝隙，或四边宽度不一致，即定为质量不合格。

金砖的铺墁

1. 细墁地面

细墁地面的做法特点是：砖料应经过砍磨加工，加工后的砖规格统一准确、棱角完整挺直、表面平整光洁。地面砖的灰缝很细，表面经桐油浸泡，地面平整、细致、洁净、美观，坚固耐用。

细墁地面多用于大式或小式建筑的室内，作法讲究的宅院或宫殿建筑的室外地面也可用细墁作法，但一般限于甬路、散水等主要部位，极讲究的作法才全部采用细墁作法。

室内细墁地面一般都使用方砖。按照规格的不同，有“尺二细地”“尺四细地”等不同作法。小式建筑的室外细墁地面多用方砖，大式建筑的室外地面细墁地面除方砖外，还常使用城砖。

细墁地面所用的砖料一般应达到“盒子面”要求，不太讲究者可使用“八成面”。

金砖地面可视为细墁作法中的高级作法。其砖料应使用金砖，作法也更讲究，多用于重要宫殿建筑的室内。

（1） 垫层处理。普通砖墁地可用素土或灰土夯实作垫层。大式建筑的垫层比较讲究，至少要用几层灰土作为垫层。重要的宫殿建筑常以墁砖的方式作为垫层。层数可由三层多达十几层，立置与平置交替铺墁。其间不铺灰泥，每铺一层砖，灌一次石灰浆，称为“铺浆作法”。

（2） 按设计标高抄平。室内地面可按平线在四面墙上弹出墨线，其标高应以柱顶盘为准。廊心地面应向外做出“泛水”。

（3） 冲趟。在两端拴好曳线并各墁一趟砖，即为冲趟。室内方砖地面，应在室内正中再冲一趟砖。

（4） 样趟。在两道曳线间拴一道卧线，以卧线为标准铺泥墁砖。注意泥不要抹得太平太足，即应打成“鸡窝泥”。砖应平顺，砖缝应严密。

（5） 揭趟、浇浆。将墁好的砖揭下来，必要时可逐一打号，以便对号入座。泥的低洼之处可作必要的补垫，然后在泥上泼洒白灰浆。浇浆时要从每块砖的右手位置沿对角线向左上方浇。

（6） 上缝。用“木剑”在砖的里口砖棱处抹上油灰（即“挂油灰”）。为确保灰能粘住（不“断条”），砖的两肋要用麻刷沾水刷湿，必要时可用矾水刷棱。但应注意刷水的位置要稍靠下，不要刷到棱上。挂完油灰后把砖重新墁好，然后手执礅锤，木棍朝下，以木棍在砖上连续的戳动前进即为上缝。要将砖“叫”平“叫”实，缝要严，砖棱应跟线。

（7） 铲齿缝。又叫墁干活，用竹片将表面多余的油灰铲掉，即“起油灰”，然后用磨头或砍砖工具斧子将砖与砖之间凸起的部分（相邻砖高低差）抹平或铲平。

（8） 刹趟。以卧线为标准，检查砖棱，如有多出，要用磨头磨平。

以后每一行都如此操作，全部墁好后，还要做以下工作：

（9） 打点。砖面上如有残缺或砂眼，要用砖药打点齐整。

（10） 墁水活并擦净。将地面重新检查一下，如有凸凹不平，要用磨头沾水磨平。磨平之后应将地面全部沾水揉擦一遍，最后擦拭干净。

（11） 钻生。钻生即钻生桐油，作法如下：

① 钻生。在地面完全干透后，倒上桐油，油的厚度可为3厘米左右。钻生时要用灰耙来回推搂。钻生的时间因具体情况可长可短，重要的建筑应钻到喝不进去的程度为止，次要建筑可酌情减少浸泡时间。

② 起油。多余的桐油要用厚牛皮等物刮去。

③ 呛生。呛生又叫“守生”。在生石灰面中掺入青灰面，拌和后的颜色以近似砖色为宜，然后把灰撒在地面上，厚约3厘米，两三天后，即可刮去。

④ 擦净。将地面扫净后，用软布反复擦揉地面。

如果条件有限，可用麻刷沾油仅将地面刷抹一遍，这叫“刷生”。刷生虽然能节省桐油，但砖表的强度远不如钻生后的强度。

极讲究的细墁地面可采用“石灰钻油”做法。具体做法如下：

在干透了的地面上刷生桐油一至两遍，再用麻丝搓一至两遍灰油，最后刷一至两遍光油。

灰油熬制方法：

将土籽灰与樟丹混合后放入锅内加火翻炒，至水分消尽后倒入桐油，加火熬煎，熬油时要不断搅拌，以防樟丹和土籽灰沉在锅底。至油开锅时用油勺轻轻扬油放烟，以既能将烟放尽又避免油热起火为准，故一般应将油温控制在180℃以下。当油表面呈黑褐色时即可试油是否成熟。试油方法是将油滴入冷水中，如油入水不散，凝结成珠即为熬成。灰油出锅放凉即可使用。灰油中桐油、土籽灰和樟丹的重量比为100∶7∶4，夏季为100∶6∶5，冬季为100∶8∶3。

光油熬制方法：

用两成苏子油、八成生桐油放入锅内熬炼（名为二八油），熬至八成开时，将整齐而干透的土籽放入勺内，浸入油中颠翻浸炸。100千克桐油放入土籽3千克左右，冬季可增至5千克。土籽炸透后，倒入锅内，油开锅即将土籽捞出。再以微火炼之，同时用油勺扬油放烟（油温不超过180℃）。在适当时候要试其火候，方法如下：将油舀出一些，用一块铁板沾油，然后将铁板投入冷水中，凉后取出。震掉水珠，以手指将油搜集到一起，再以手指尖粘油，看丝长短，长者油稠，短者油稀。用于涂刷砖表面的光油以稀一些较好。油的火候合适后即可出锅，继续扬油放烟，油温降低后（稍有温度），加入黄丹粉，盖好存放备用。油与黄丹的重量比为100∶2.5。

2. 金砖墁地

金砖墁地的操作方法与细墁地面大致相同。不同的是：

（1） 金砖墁地一般不用泥，而用干砂或纯白灰。如砂子或白灰过多时，可用铁丝将砂或灰轻轻勾出。

（2） 如果用干砂铺墁，每行刹趟后要用灰“抹线”，即用灰把砂层封住，不使外流。

（3） 将钻生改为“钻生泼墨”。

“泼墨”的墨并非书写绘画等所用之墨，而是一种专供金砖地面使用的黑矾水。主要原材料有红木、黑矾和烟子等。加工的方法如下：

一是飲烟子。将烟子放入石臼或其他容器内，加入适量酒精或白酒后，将其砸研至黏糊状。

二是熬墨。将红木刨花或薄木片，以及黑矾，分别用水熬透，成浓色为止。

三是泼墨。将10份烟子、1份黑矾水及适量红木水合在一起，搅拌成墨汁状后，趁其热量未消之际，分两次泼洒或涂刷在地上。

（4）烫蜡。待油皮彻底清除干净后，用蜡烘子将石蜡（如无石蜡可用川蜡替代）烤化后，使其均匀地淌在砖面上。如果出现薄厚不匀，可用竹刀将较厚部分刮去后再次烘烤，直至厚薄均等为止。待蜡皮完全凝固后，用烤热的软布反复揉擦至光亮。最后，再以软布沾香油擦拭数遍即可。

金砖铺墁也可以免去钻生环节而在泼墨后直接烫蜡。

砍墁术语：

五扒皮

方砖的砍磨采用与墙身砖基本相同，称为“五扒皮”。大致程序如下：

（1） 刨子铲面并用磨头磨平。现多用大砂轮直接磨平。

（2） 用平尺和钉子顺条的方向在面的一侧画出一条直线来，即“打直”，然后用扁子和木敲手沿直线将多余部分凿去，即“打扁”。

（3） 在打扁的基础上用斧子进一步劈砍，即“过肋”，后口要留“包灰”。过完肋后用磨头磨肋。磨肋时宜磨出适当宽度的转头肋，这样可以保证在砌筑过程中不致因为墁干活而露脏，转头肋宽度不小于 0.5 厘米。

（4） 以砍磨过的肋为准，按“制子”（即长、宽、高的标准，通常用木棍制作）用平尺、钉子在面的另一侧打直。然后打扁、过肋和磨肋，并在后口留出包灰。

（5） 顺头的方向在面的一端用方尺和钉子画出直线并用扁子和木敲手打去多余的部分，然后用斧子劈砍并用磨头磨平，即“截头”。头的后口也要砍留包灰。

（6） 以截好的这面头为准，用制子和方尺在另一头打直、打扁和截头。后口仍要留包灰。

盒子面

地面用砖除应砍包灰外，也应砍转头肋。地面砖的转头肋宽度不小于 1 厘米。方砖要选择比较细致的一面——“水面”，作为砍磨的正面。比较粗糙的“旱面”，墁地时应朝下放置。

方砖盒子面的砍磨也采用五扒皮的方法。先铲磨面，再砍四肋（再转头肋）。四个肋要互成直角，包灰 0.1–0.2 厘米。盒子面的表面应能与官砖相吻合，任取两块磨平的盒子面也应能完全相合。

金砖的砍磨方法与盒子面做法基本相同，但工艺更精细，尤其是表面平整度，要求用软平尺检查。软平尺是用不易变形的木料制作的，然后将毡子粘在平尺的小面上。使用时应先将软平尺的小面上沾上红土粉，然后在砖的表面刮一下，未沾上红土粉之处即为低洼之处，颜色较重之处即为高出之处。

抄平、弹线、栓线、找中

地面垫层做好之后，开始铺墁前，需找规矩，其中包括抄平、弹线、栓线、找中。此时，甲乙二人共同操作。

抄平，以室内前后檐及左右两山柱顶盘为准，将其高度用墨线弹在四面墙体上，称作“弹线”。栓线，以前后檐柱顶盘之楞为准纵向拴定两条“拽线”，同时拴好墁砖时所用之“卧线”，并找准门口的中心点，称为“找中”。

冲趟、样趟、打泥

操作时，甲乙两人，甲冲趟、样趟，乙打泥。

冲趟，意为冲出一条砖路，实为开始铺墁第一趟地面时的俗称，犹如瓦面开始的冲垄。

样趟方为正式铺墁的第一道工序。此时应用两条卧线，以保证第一趟砖的对角平度，同时第一块砖要对准门口的中心点，而且必须用整块砖，此为传统做法，叫做“整砖座中”。然后再往后檐逐块铺墁，并应在前后檐预留浆口。其砖下所用的粘接料不论灰或泥，应与砖的厚度相同，且软硬适度。

打泥时按传统做法须用瓦刀，并将其打成带有若干小坑的“鸡窝泥”。

打号、打找

当一趟砖铺墁到后檐端部以后，甲要用大白或粉笔在墁好的砖面上从始至末标上顺序号，以便于揭趟后对号入座。此时,乙要将端部所剩的“找”或“卡”(行内将不足整块砖,称作“找”或“打找”,柱顶处的异形砖称作“卡”或“掏卡”)按实际需要尺寸砍磨成型。

墁找、揭趟

甲将砍磨成型的砖找或卡补墁平整,乙将标完号的砖从后檐往前檐逐块揭起,称“揭趟”。所揭之砖,五至六块一摞,错对角平放在身后未墁的地面之处,以便挂油灰。砖揭下后,如果墁地泥仍有小坑,须用同样的材料补平,称作“垫鸡窝”。

挂油灰、上缝

油灰是细墁地面必须使用的一种传统严缝材料。

配比量为:

白灰面(过细箩)1 份,面粉 2 份,烟子 0.3 份(如无烟子,可用青灰粉 5 份代替)、生桐油 2.5 份。

调制方法为:

先将灰面、面粉及烟子(用饮好的烟子为宜)或青灰粉合在一起,加水后调成稠膏状,然后再加入生桐油,调制到稀稠适度,即挑起后“不断条”即可。

乙挂油灰时,应用传统工具木宝剑,把放在油灰槽子里的油灰,均匀地抹在砖与接缝的砖楞上,称为“挂油灰”。

为确保油灰能粘挂牢固而不“掉条”,在挂油灰前由壮工在其砖棱处用小麻刷子刷水一遍,但不得“上岸”,即刷到砖面上。随后,将事先泡制好的白灰浆浇在胎子泥上。为使白浆不粘在看线者手上,要从右下角浇至左上角。至此,看线者甲即可将挂号油灰的砖搬起,先往老趟(已墁完的砖)的砖棱上蹭一下，行内称为“赶趟”。然后把砖放平，及时用蹲锤加力向前戳动，将砖缝挤严，称为“上缝”，同时，以卧线为准，将砖叫平、叫实。随后，用竹片将砖缝挤出的油灰刮净，放在油灰槽子内，称作“起油灰”。

刹趟、铲齿缝

为使所墁地面严丝合缝，及平整度一致，每趟砖墁完后，甲负责检查砖楞是否直顺一致，方法为用长约 70 厘米的平尺板贴靠在砖楞上，进行检测。若遇有臌胀之砖，需用磨头将其磨掉，确保每趟砖楞齐直，称为“刹趟”。乙负责检查砖面及砖与砖接缝处是否平度一致，用平尺板放在砖上检测，凡有凸起部分要用斧子铲掉，并用磨头磨平，使整个砖面平整度一致，称为“铲尺缝”。

打对蹲锤、落忙的

因为金砖的体积和重量都大于普通的地面用砖，墁金砖通常需要三人：样趟、揭趟及上缝时均需要俩人（甲、乙）同时操作，两把锤子同时敲打，行内称为打“对蹲锤”。除这俩人外，需一名瓦工协助，这第三人称为“落忙的”。

三人操作的具体分工是：

在样趟时，落忙的要帮助甲抬砖，并与甲同时打对蹲锤。虽然是俩人各打一把锤，但要同起同落，同打一个点，即砖的中心点。甲负责看线，落忙的负责看老趟。

揭趟时，落忙的要帮助乙，但仍由甲负责标号。

上缝时，乙挂油灰，落忙的还要与甲共同操作。此时，仍是俩人两把锤，一人看线，一人看老趟，但打锤的方法与样趟时有所区别。当甲用蹲锤向前戳动上缝时，落忙的要向下甩打“叫活”。虽然是各打各的，但打出的声音要有节奏，目的是使砖受力均衡，易于找正。落忙的既要帮助甲刹趟，又要帮助乙铲尺缝。余下的各道工序均为共同操作。

注：

本章根据朴学林《宫廷金砖与青砖的成造及砍墁》一文和刘大可编著《中国古建筑瓦石营法》第二章《古建筑灰浆、砖料、瓦作工具及砖料加工》整理，有删改和调整。

御窑金砖传承大事记

御窑金砖制作技艺随着清王朝的结束而一度流散民间，到了“文革”十年，几乎中断，这使得最初恢复金砖制作技艺时遇到了一定程度的困难。

1984 年，《参考消息》转载香港《明镜快报》一则消息说，海外侨胞目睹故宫坑坑洼洼的地面，以为国内的金砖工艺已经失传。时任御窑村支部书记的曹福南随后致书故宫博物院，呼吁抢救金砖制作工艺。此后，北京故宫博物院古建部书记兼主任李润德专程到苏，达成重制金砖的意向。

1989 年，御窑砖瓦厂为苏州玄妙观成功烧制首批 200 块新金砖；

1990 年，御窑砖瓦厂为故宫提供新金砖样品……

此后，御窑金砖因其独特的制作工艺而成为当今修缮古代皇家建筑时唯一的指定用砖。

上世纪 80 年代末，北京故宫整修太和殿、中和殿、保和殿等三大殿，内外地面采用御窑砖 18 万方；

2003 年天安门大规模修缮，采用御窑砖 1.5 万余方；

天坛的修缮，也选用御窑砖；

故宫主要宫殿每年的修缮，指定采用御窑砖……

虽然金砖是明清时期皇家建筑的专用品，但在现代，除皇家建筑之外，民间古建筑的修缮，以及高档仿古建筑的兴建，也使用细料方砖，即初步恢复古法后的御窑新金砖。

御窑新金砖先后铺进苏州玄妙观三清殿、寒山寺大雄宝殿、西园寺天王殿，普陀山普济寺、法雨寺，五台山显通寺、白塔寺、碧山寺、竹林寺、普化寺和黛螺顶寺，杭州灵隐寺，南京夫子庙，淮安周恩来纪念馆等数十家单位的主要建筑。

御窑新金砖还漂洋过海，远销美国、加拿大、澳大利亚、新加坡、日本等地。

2006 年，御窑金砖制作技艺成为国家级非物质文化遗产。金砖制作大师金梅泉成为苏州御窑金砖制作技艺第五代代表性传承人。

2008 年，金梅泉正式收女儿为徒，金瑾成为苏州御窑金砖制作技艺的第六代代表性传承人。

2008 年，御窑金砖制作技艺第五代、第六代传人遵循“依据古法，领会古工艺精神”的原则，启动“重制御窑古金砖工程，传承古代非物质文化遗产”工程，以此纪念御窑金砖六百年。

2013 年 12 月，首批按古法重制的原味金砖试练试烧成功出窑。

2014 年 1 月，御窑金砖制作技艺散存民间一百年后首次晋京展呈。

2014 年 6 月，北京故宫博物院院长单霁翔等专家在御窑砖瓦厂察勘重制金砖后，给予了充分肯定。

《中国经济通史清代经济卷》,方行等主编,经济日报出版社,2000年2月

《清代社会经济史》,[日]山本进著,山东画报出版社,2012年1月

《十六世纪明代中国之财政与税收》,黄仁宇著,三联书店,2001年6月

《中国经济通史明代经济卷》,王毓铨主编,中国社会科学出版社,2007年4月

《明代社会生活卷》,陈宝良著,中国社会科学出版社,2004年3月

《明代的漕运》,黄仁宇著,新星出版社,2005年4月

《明代人口与经济发展》,李德甫著,中国社会科学出版社,2008年4月

《明代的社会与国家》,[加]卜正民著,黄山书社,2009年6月

《被误解的中国——看明清时代和今天》,梁柏力著,中信出版社,2010年11月

《明清室内陈设》,朱家溍编著,紫禁城出版社,2010年9月

《明清皇宫陈设》,王子林著,紫禁城出版社,2011年5月

《明朝典章制度》,张德信著,吉林文史出版社,2001年3月

《中国历代建筑典章制度》,刘雨婷编,同济大学出版社,2010年9月

《中国古代建筑史第四卷(元明建筑)》,潘谷西主编,中国建筑工业出版社,2009年12月

《中国古代建筑史第五卷(清代建筑)》,孙大章主编,中国建筑工业出版社,2009年12月

《故宫博物院八十华诞暨国际清史学术研讨会论文集》,紫禁城出版社,2006年11月

《紫禁城建筑研究与保护》,于倬云主编,紫禁城出版社,1995年10月

《明清宫廷史学术研讨会论文集》,故宫博物院编,紫禁城出版社,2011年4月

《我与故宫五十年》,那志良著,黄山书社,2008年1月

《紫禁城宫殿》,于倬云主编,三联书店,2006年3月

《皇城风水》,王子林著,紫禁城出版社,2009年1月

《中国宫殿建筑论文集》,紫禁城出版社,2002 年 2 月

《工部厂库须知》,北京图书馆古籍出版编辑组,书目文献出版社,1998 年 1 月

《皇朝文献通考》卷九十七,(清)龚骖文等校勘,影印本文渊阁四库全书

《明长陵营建 600 周年学术研讨论文集》,社会科学文献出版社,2010 年 2 月

《清朝的皇帝》,高阳著,上海三联书店,2004 年 7 月

《清西陵史话》,徐广源著,新世界出版社,2004 年 5 月

《清皇陵地宫亲探记》,徐广源著,紫禁城出版社,2007 年 4 月

《皇陵埋藏的大清史》,徐广源著,东方出版社,2012 年 7 月

《定陵》,中国社会科学院考古研究所等编,文物出版社,1990 年 5 月

《南京城墙砖文》,南京市明城垣史博物馆编,南京师范大学出版社,2008 年 5 月

《古砖经眼录》,黎旭、吴坤龙编著,中国书店,2012 年 1 月

《陕西古代砖瓦图典》,王世昌著,三秦出版社,2004 年 1 月

《民国吴县志》,曹允源、李根源纂,民国二十二年(1933)苏州文新书局铅印本

《同治苏州府志》,冯桂芬纂,清光绪八年(1882)江苏书局刻本

《姑苏志》,(明)林世远、王鏊等纂修,正统元年刻本

《吴郡岁华纪丽》,(清)袁景澜撰,江苏古籍出版社,1998 年 12 月

《百城烟水》,(清)徐嵩、张大纯纂辑,江苏古籍出版社,1999 年 8 月

《隆庆长洲县志》,张德夫修、皇甫汸纂,上海书店,1990 年 12 月

《咸丰庆云县志》,(清)戴絅孙纂修,咸丰五年刊印本影印,中国方志丛书,(台湾)成文出版社印行

《咸丰庆云县志》,中国地方志集成,山东府县志辑第二十册,江苏古籍出版社,2004 年

《话梦集》,何刚德著,北京古籍出版社,1995 年 5 月

《春明梦录》,(清)何刚德著,上海古籍书店,1983年9月

《清代匠作则例》,王世襄编,河南教育出版社,2009年7月

《营造法式》,(宋)李诫撰,中国书店,1995年

《中国古建筑瓦石营造法》,刘大奇编著,中国建筑工业出版社,1993年6月

《烧结砖瓦工艺及实用技术》,赵镇魁主编,中国建材工业出版社,2012年1月

《考工记译注》,闻人军译注,上海古籍出版社,2008年4月

《天工开物》,(明)宋应星著,国际文化出版公司,1995年

《天工开物》,(明)宋应星著,上海古籍出版社,2006年4月

《易经杂说》,南怀瑾著,中国世界语出版社,1994年5月

《周易今注今译》,南怀瑾、徐芹庭著,(台湾)商务印书馆,1974年12月

《诸子集成》,国学整理社编,中华书局,1954年12月

《金砖仿制工艺的研究》,缪松兰,《中国陶瓷》1994年第1期

《古代金砖的研究》,杨物华、缪松兰等,《中国陶瓷》1989年4月

《大型青砖暨金砖的传统制作方法》,缪松兰,《陶瓷研究》1996年12月

《青色砖瓦暨金砖的传统烧成窑炉与烧制技术》,缪松兰,《陶瓷研究》1996年9月

《砖瓦土窑结构的研究》,缪松兰、徐乃平,《陶瓷学报》1996年6月

《漫话明清御窑金砖》,李广成、王文宝,《砖瓦史话》2005年第10期

《清代造办金砖史料》,中国第一历史档案馆,《历史档案》2003年第4期

《"金砖"墁地》,蒋博光,《紫禁城》杂志1980年第3期

《漫谈金砖与苏州御窑》,徐启宪,《紫禁城》杂志1994年第3期

《明十三陵建筑用砖考》,宋磊,《中国紫禁城学会论文集》,紫禁城出版社1997年8月

《陆墓御窑金砖今昔》,张春发,《苏州史志资料选辑》,1999年5月

《宫廷金砖与青砖的成造及砍墁》,朴学林,《紫禁城建筑研究与保护》,1995

年9月

《城市化对苏州地区土壤多样性的影响》,孙燕瓷等,《应用生态学报》2005年第11期

《清宫金砖档案研究》,宋玲平,《清宫金砖档案》,紫禁城出版社,2010年10月

《紫禁城始建经略与明代建筑考》,于倬云,《故宫博物院院刊》1990年第3期

图书在版编目（C I P）数据

御窑金砖 / 周震麟，金瑾 著. -- 南京：江苏凤凰教育出版社，
2015.7
ISBN 978-7-5499-5332-5
Ⅰ. ①御… Ⅱ. ①周… ②金… Ⅲ. ①官窑－古砖－考古－苏州市－明清时代
Ⅳ. ① K876.34

中国版本图书馆 CIP 数据核字 (2015) 第 183622 号

摄　影　李玉祥　龚　为
　　　　周建根　蒋　雷
　　　　王梅萍

书　　名　御窑金砖
作　　者　周震麟　金　瑾
责任编辑　朱　念
书籍设计　周　晨
出版发行　凤凰出版传媒股份有限公司
　　　　　江苏凤凰教育出版社（南京市湖南路1号A楼，邮编210009）
苏教网址　http://www.1088.com.cn
印　　刷　苏州市越洋印刷有限公司
开　　本　787×1092毫米 1/16
印　　张　29
版　　次　2016年3月第1版　2016年3月第1次印刷
书　　号　ISBN 978-7-5499-5332-5
定　　价　280.00元
网店地址　http://jsfhjycbs.tmall.com
新浪微博　http://e.weibo.com/jsfhjy
邮购电话　025-85406265,85400774 短信 02585420909
盗版举报　025-83652579

工序二十九　出窑

工序二十八　窨水

将适量的水从窑顶慢慢渗入窑室，使窑温逐渐降低。

【造砖二十九图】

工序二十七　松枝烧四十日　用松枝类的枝柴烧四十日。

工序二十六　棵柴烧一月　用稻草类的棵柴烧一个月。

【造砖二十九图】

工序二十五　片柴烧一月　用木片类的硬柴烧一个月。

【造砖二十九图】

工序二十四、穅草熏一月　用砻穅或柴草熏一个月。

【造砖二十九图】

工序二十三 装窑

将阴干后的砖坯堆垛进窑室。

【造砖二十九图】

工序二十二 晾

适时地开门开窗，使砖坯慢慢晾干。

【造砖二十九图】

工序二十一 遮

用遮光物保护砖坯。

【造砖二十九图】

工序二十　筑

每天轻柔地敲击砖坯。

【造砖二十九图】

工序十九

翻

每天翻转泥坯。

【造砖二十九图】

工序十八　槌

用木掌敲打砖坯的每个表面，使之平整。

工序十七　碾　用石轴碾压泥坯。

工序十六　擦

两人合作一起将泥表面擦平。

【造砖二十九图】

工序十五 装

将泥装进制坯的模子。

【造砖二十九图】

工序十四　托

用托板承住练好的泥。

【造砖二十九图】

工序十二 揉

用手反复揉踩踏后的泥。

【造砖二十九图】

工序十二　踏　用脚反复踩踏。

工序十一 勒

用铁制的弓弦勒泥。

【造砖二十九图】

工序十　晞　在地上摆上瓦片，将晾好的泥晒干。

【造砖二十九图】

工序九　晾　将沥浆后的泥堆放在池中晾干。

工序八　滤

筑三级水池，用三级网箩过滤细土，即沥浆。

工序七　篩　用篩去掉粗土。

工序六、磨

用磨研碎土块。

工序五　舂　用碓舂小土块。

工序四　椎　用棒槌敲打泥块。

【造砖二十九图】

工序三

晒

堆于露天，任风吹日晒。

工序二　运

运送至窑场。

【造砖二十九图】

工序一　掘

掘取「干黄作金银色」的原土。

窑村民间的祖辈历代身口相传的金砖制作技艺，初步恢复了金砖的制作。2008年，金梅泉女儿金瑾在成为金砖制作技艺第六代传人后，立志发愿，完全恢复金砖制作六百年古法，并启动重制明清原味金砖工程。她聘请专人，遍寻史料，搜索到了张问之的《请增烧造工价疏》。经过对古法工序的逐一解读，经过六年多的探索研究和践行实验，终于在《造砖图说》成刊整整八个甲子之后的农历甲午（2014）年，用古法成功试制出第一批原味金砖，并领悟到了金砖制作的奥秘。在此基础上，金瑾请专人依据张问之《请增烧造工价疏》原文（见《御窑金砖》第六章《水火既济》附一）绘制了《造砖二十九图》，不仅使得金砖制作再次有了可以依傍的工艺工序之法度，也是对张问之这位曾经为陆墓御窑村民请愿增价和曾经为金砖制作留下宝贵资料的金砖督造官的纪念。

周震麟　2015年12月

前言

金砖在古代是帝王之家的专用品，是基业安稳、江山永固的象征，金砖的烧制是我国古代变土为金工艺的巅峰之作。《造砖图说》是记录金砖制作工艺仅存的史料，作者张问之是明朝嘉靖年间的工部郎中，曾奉命在金砖的惟一烧造地苏州府陆墓镇三年督造金砖五万余方。其间，问之深感窑民造砖之役的苦累，以及当时弊政造成民生险夷的困境。等督造完工时，问之向朝廷上了一份奏疏，并在其中画了图，历陈金砖烧造的艰辛，为窑民请增烧造工价。朝廷获悉，增定砖价。于是，窑民获安，为问之立下德政碑。问之的这份《请增烧造工价疏》，以及其中详细记录金砖制作具体工序的图绘，就是后来在清朝乾隆年间被收入《四库全书》存目的《造砖图说》。遗憾的是，《造砖图说》早已亡佚。

上世纪80年代，获知北京故宫等皇家建筑要殿地面破损严重却没有相应质量的金砖修补，当时任苏州陆墓御窑砖瓦厂厂长、后来成为苏州御窑金砖制作技艺第五代传人的金梅泉，依靠散存在御

造砖二十九图

张问之⊙原文　马　路⊙绘图